主　　编　孙晓勇　国家法官学院院长

最高人民法院司法案例研究院院长

副 主 编　胡田野　国家法官学院副院长

刘　畅　最高人民法院司法案例研究院规划部主任

主编助理　赵文轩　最高人民法院司法案例研究院规划部编辑

刘丽媛　最高人民法院司法案例研究院规划部编辑

《中国法院年度案例》编辑人员（按姓氏笔画）

王　锐　刘　畅　朱建伟　朱　琳　吴光荣　李晓果

李　谦　杨小利　胡　岩　赵文轩　唐世银　徐一楠

贾　停　曹海荣　梁　欣　程诗翰　程　瑛

本书编审人员　赵文轩　贾　停

中国法院2022年度案例

国家法官学院 最高人民法院司法案例研究院 / 编

借款担保纠纷

中国法制出版社
CHINA LEGAL PUBLISHING HOUSE

《中国法院2022年度案例》通讯编辑名单

凌　巍　北京市高级人民法院
刘晓虹　北京市高级人民法院
董　扬　天津市高级人民法院
王　佳　河北省高级人民法院
刘冬梅　山西省高级人民法院
杨智勇　内蒙古自治区高级人民法院
周文政　辽宁省高级人民法院
张功岩　吉林省高级人民法院
孙学诗　黑龙江省高级人民法院
牛晨光　上海市高级人民法院
戴鲁霖　江苏省高级人民法院
缪　芳　江苏省高级人民法院
符东杰　江苏省南通市中级人民法院
周耀明　江苏省无锡市中级人民法院
杨　治　浙江省高级人民法院
蒋　莹　浙江省高级人民法院
吴　婧　安徽省高级人民法院
林文君　福建省高级人民法院
章光园　江西省高级人民法院
王露爽　山东省高级人民法院
郭宇凌　河南省高级人民法院
宋淼军　湖北省高级人民法院
杨晓彤　湖北省宜昌市中级人民法院
唐　竞　湖南省高级人民法院
谢佩宏　广东省高级人民法院
邹尚忠　广西壮族自治区高级人民法院
韦丹萍　广西壮族自治区高级人民法院
李周伟　海南省高级人民法院
谭中平　重庆市高级人民法院
任　梦　四川省高级人民法院
李丽玲　云南省高级人民法院
石　瑾　云南省昆明市中级人民法院
龙　媛　贵州省高级人民法院
施辉法　贵州省贵阳市中级人民法院
王丽萍　西藏自治区高级人民法院
郑亚非　陕西省高级人民法院
吴　莹　甘肃省高级人民法院
央　措　青海省高级人民法院
康　莹　宁夏回族自治区高级人民法院
马小菊　新疆维吾尔自治区高级人民法院
王　琼　新疆维吾尔自治区高级人民法院生产建设兵团分院

序

党的十八大以来，以习近平同志为核心的党中央高度重视法治在推进国家治理体系和治理能力现代化中的重要作用，党的十九届六中全会通过的《中共中央关于党的百年奋斗重大成就和历史经验的决议》指出，必须坚持中国特色社会主义法治道路，贯彻中国特色社会主义法治理论，坚持依法治国、依法执政、依法行政共同推进，坚持法治国家、法治政府、法治社会一体建设，全面增强全社会尊法学法守法用法意识和能力。人民法院始终坚持以习近平法治思想为指导，把加强司法案例研究作为推进全面依法治国的重要途径，通过发布具有普遍指导意义的典型案例，统一法律适用、提高审判质效，提升司法公信力，努力让人民群众在每一个司法案件中感受到公平正义。《中国法院年度案例》丛书，旨在总结提炼典型案例的裁判规则和裁判方法，发挥司法规范、指导、评价、引领的重要作用，大力弘扬社会主义核心价值观，增强全民法治意识和法治素养，展现新时代我国法治建设新成就。

《中国法院年度案例》丛书自2012年编辑出版以来，已连续出版11年，受到读者广泛好评。近年来，为更加全面地反映我国司法审判执行工作的发展进程，顺应审判执行实践需要，响应读者需求，丛书2014年度新增金融纠纷、行政纠纷、刑事案例3个分册，2015年度将刑事案例调整为刑法总则案例、刑法分则案例2个分册，2016年度新增知识产权纠纷分册，2017年度新增执行案例分册，2018年度将刑事案例扩充为4个分册。自2020年起，丛书由国家法官学院与最高人民法院司法案例研究院共同编辑，每年年初定期出版。在全国各级人民法院的大力支持下，丛书编委会现编辑出版《中国法院2022年度案例》系列丛书，共23册。为助力实施环境资源审判专门化的司法政策，推进生态文明建设与绿色发展，自今年起，丛书将土地纠纷（含林地纠纷）分册改为土地纠纷（含环境资源纠纷）分册。

《中国法院年度案例》丛书以开放务实的态度、简洁明快的风格，在编辑中坚持以下方法，努力把案例书籍变得“好读有用”：一是高度提炼案例内容，控制案例篇幅，每个案例基本在3000字以内；二是突出争议焦点，剔除无效信息，尽可能在有限的篇幅内为读者提供有效、有益的信息；三是注重对裁判文书的再加工，大多数案例由案件的主审法官撰写“法官后语”，高度提炼、总结案例的指导价值，力求引发读者思考，为司法工作提供借鉴，为法学研究提供启迪。

《中国法院年度案例》丛书编辑工作坚持以下原则：一是广泛选编案例。国家法官学院和最高人民法院司法案例研究院每年通过各高级人民法院从全国各地法院汇集上一年度审结的典型案例近万件，使该丛书有广泛的精选基础，优中选优，可提供给读者新近发生的全国各地多种类型的典型性案例。二是方便读者检索。为体现以读者为本的宗旨，丛书分卷细化，每卷下还将案例主要根据案由分类编排，每个案例用一句话概括裁判规则、裁判思路或焦点问题作为主标题，让读者一目了然，迅速找到目标案例。

中国法制出版社始终全力支持《中国法院年度案例》丛书的出版，给了作者和编辑们巨大的鼓励。2022年，丛书将继续提供数据库增值服务。购买本书，扫描前勒口二维码，即可在本年度免费查阅往年同类案例数据库。我们在此谨表谢忱，并希望通过共同努力，逐步完善，做得更好，真正探索出一条编辑案例书籍、挖掘案例价值的新路，更好地服务社会主义法治国家建设、服务法治社会建设、服务学习研究法律的读者。

《中国法院年度案例》丛书既是法官、检察官、律师等法律工作者的办案参考和司法人员培训的实用教材，也是社会大众学法用法的经典案例读本，同时是教学科研机构案例研究的良好系列素材。当然，案例作者和编辑在编写过程中也难以一步到位实现最初的编写愿望，客观上会存在各种不足甚至错误，欢迎读者批评指正。我们愿听取各方建议，不断扩宽深化司法案例研究领域，立足新发展阶段，实现中国特色司法案例研究事业的高质量发展。

国家法官学院

最高人民法院司法案例研究院

2022年1月

目　录

Contents

一、借　款

二、保　　证

三、抵　　押

四、质　押

附录

一、借　　款

1

分公司违规对外担保的效力和责任承担

——周某诉莫某等借款合同案

【案件基本信息】

1. 裁判书字号

广西壮族自治区南宁市中级人民法院（2020）桂 01 民终 8034 号民事判决书

2. 案由：借款合同纠纷

3. 当事人

原告（被上诉人）：周某

被告（上诉人）：某集团南宁分公司、某集团

被告：莫某、某公司

【基本案情】

2014 年 6 月 4 日，莫某共向周某借款 52 万元，周某通过银行转账分 5 次将借款全部转入莫某的银行账号，并出具《借条》，约定借款期限为 3 个月，月息 3%，某公司为该笔借款作连带责任保证。借款期限届满后，莫某未能按约还款。2014 年 7 月 11 日至 2015 年 3 月 13 日，莫某向周某偿还利息和借款共计

204800元。2015年8月25日，某集团南宁分公司出具《担保承诺书》，并承诺具备合法的担保资格，承担连带保证责任，保证至莫某完全清偿债务为止，后莫某在《担保承诺书》上签字确认。截至2015年8月23日，莫某尚欠周某本金470600元、利息70500元，该款应于2015年8月31日前清偿。2016年2月24日，周某将莫某、某公司、某集团南宁分公司、某集团诉至法院，在莫某承诺还款后，遂向法院申请撤诉。后经周某多次催告，均未果，遂再次诉至法院。

【案件焦点】

1. 某集团南宁分公司作为分支机构能否对外担保；2. 某集团南宁分公司作为分支机构违规对外担保是否需承担责任，需承担何种责任。

【法院裁判要旨】

广西壮族自治区南宁市青秀区人民法院经审理认为：周某提供的《借条》、银行流水及当事人庭审陈述等证据证实，周某与莫某就借款事宜达成了合意，意思表示真实一致，合同成立，除了超过年利率24%的部分法律不予保护之外，其他约定不违反法律、行政法规的强制性规定，应认定为有效，各方均应恪守。《借条》、银行流水证实，周某已履行了向莫某出借款项52万元的义务，周某收到借款后，应依约偿还借款。

关于莫某尚欠款项的数额认定问题。周某自认莫某通过其本人和他人账户共计向其偿还借款本息204800元，其中2015年2月19日偿还的5万元为偿还借款本金，其自认不违反法律规定，法院予以确认。根据《最高人民法院关于适用〈中华人民共和国合同法〉若干问题的解释（二）》第二十一条规定："债务人除主债务之外还应当支付利息和费用，当其给付不足以清偿全部债务时，并且当事人没有约定的，人民法院应当按照下列顺序抵充：（一）实现债权的有关费用；（二）利息；（三）主债务。"本案中，因各方当事人未约定还款顺序，因此对于尚欠本金及利息，除2015年2月19日偿还的5万元认定为偿还本金外，其他应以莫某还款的时间顺序按照先归还利息再抵充本金的原则进行核算。依照《最高人民法院关于审理民间借贷案件适用法律若干问题的规定》第二十六条、第三十条规定，双方约定月利率3%，故对于已还款项超过年利率36%的部分应予折抵本金，而超过年利率24%但未超过年利率36%的部分属于自然债不予折抵本金，对未超过年利率24%的部分按照24%计算尚欠利息。经核算，截至2015年3月13日，莫某尚欠借款本金为457100元，欠息0元。自2015年3月14日起，莫某不再偿还借款。故从2015年3月14日起，莫某应以尚欠借款本金457100元为基数，按照年利率24%计算至实际清偿之止。

关于某公司的责任承担问题。某公司在《借条》中为莫某的债务提供连带责任担保，因未约定保证期间，保证期间应为主债务履行期届满之日起六个月，《借条》约定应于2014年8月31日还清借款本息，故保证期间为2014年8月31日至2015年2月28日，但周某未在法律规定的保证期限内要求某公司承担保证责任，某公司保证责任现已免除。

关于某集团南宁分公司的责任承担问题。根据《最高人民法院关于适用〈中华人民共和国担保法〉若干问题的解释》第十七条第一款规定："企业法人的分支机构未经法人书面授权提供保证的，保证合同无效。因此给债权人造成损失的，应当根据担保法第五条第二款的规定处理。"《中华人民共和国担保法》第五条第二款规定："担保合同被确认无效后，债务人、担保人、债权人有过错的，应当根据其过错各自承担相应的民事责任。"本案中，某集团南宁分公司未经某集团的书面授权而出具《担保承诺书》为莫某的案涉债务提供担保，上述《担保承诺书》应为无效。关于某集团南宁分公司承担责任的数额问题。《最高人民法院关于适用〈中华人民共和国担保法〉若干问题的解释》第七条规定："主合同有效而担保合同无效……债权人、担保人有过错的，担保人承担民事责任的部分，不应超过债务人不能清偿部分的二分之一。"某集团南宁分公司作为分支机构应当知道自己无权进行担保，却为莫某向周某的借款提供担保。周某系完全民事行为能力人，其向莫某出借资金，却对某集团南宁分公司是否具有法定担保人资格未尽到应尽的审慎和注意义务。法院认定周某与某集团南宁分公司在本案中均存在过错，故某集团南宁分公司对莫某不能清偿部分的二分之一承担民事清偿责任。某集团南宁分公司无须承担责任的辩称，与法律规定不符，不予采纳。

关于某集团的责任承担问题。《最高人民法院关于适用〈中华人民共和国担保法〉若干问题的解释》第十七条第三款规定："企业法人的分支机构经营管理的财产不足以承担保证责任的，由企业法人承担民事责任。"《中华人民共和国公司法》第十四条第一款规定："公司可以设立分公司。设立分公司，应当向公司登记机关申请登记，领取营业执照。分公司不具有法人资格，其民事责任由公司承担。"故某集团南宁分公司如不能承担清偿责任，应由某集团承担补充责任。

广西壮族自治区南宁市青秀区人民法院依据《中华人民共和国合同法》[①]第六十条、第二百零五条、第二百零六条、第二百一十条，《最高人民法院关于审理民间借贷案件适用法律若干问题的规定》[②] 第二十六条、第二十九条，《中华人民共和国担保法》第五条第二款、第十八条、第二十六条、第二十九条，《最高人民法院关于适用〈中华人民共和国担保法〉若干问题的解释》第七条、第十七条，《中华人民共和国公司法》第十四条第一款及《中华人民共和国民事诉讼法》[③] 第六十四条、第一百四十四条规定，判决：

一、莫某偿还周某借款本金 457100 元并支付利息（计算方法：以 457100 元为基数，从 2015 年 3 月 14 日起至款项实际清偿之日止，按年利率 24%计付）；

二、某集团南宁分公司对莫某不能清偿上述第一项债务部分的二分之一承

---

① 《中华人民共和国民法典》于 2021 年 1 月 1 日起实施，《中华人民共和国合同法》《中华人民共和国民法总则》等同时废止。本书收录的部分案例裁判于《中华人民共和国民法典》生效前，适用的是当时有效的法律规定，下文将不再对此进行提示。

② 配合《中华人民共和国民法典》的施行，最高人民法院对大量司法解释进行了修正。本书收录的部分案例裁判于相关司法解释修正之前，适用的是当时有效的司法解释。下文将不再对此进行提示。

③ 《中华人民共和国民事诉讼法》已于 2021 年 12 月 24 日修改，于 2022 年 1 月 1 日实施。本书收录案例均裁判于该法修改之前，适用的是当时有效的条文，下文将不再对此进行提示。

担清偿责任；

三、某集团对某集团南宁分公司上述第二项债务不能清偿部分承担补充责任；

四、驳回周某的其他诉讼请求。

某集团、某集团南宁分公司不服一审判决，提起上诉。

广西壮族自治区南宁市中级人民法院经审理认为：关于某集团、某集团南宁分公司的责任问题。莫某在担任某集团南宁分公司负责人期间，以分公司名义对外出具担保，其行为为职务行为，引发的后果应由分公司承担。某集团南宁分公司明知自己为不具备法人资格的分支机构仍对外出具担保，周某对此明知仍接受其出具的担保，双方均有过错，一审法院根据《最高人民法院关于适用〈中华人民共和国担保法〉若干问题的解释》第七条、第十七条的规定判决某集团、某集团南宁分公司承担相应清偿责任是正确的。因担保合同无效，某集团、某集团南宁分公司承担的并非担保责任，不存在担保时效问题。某集团、某集团南宁分公司主张周某诉请超过担保期限而免责的理由不成立，法院不予支持。

综上所述，广西壮族自治区南宁市中级人民法院依照《中华人民共和国民事诉讼法》第一百七十条第一款第一项，判决：

驳回上诉，维持原判。

【法官后语】

一、公司的分支机构对外担保是否有效的问题

《最高人民法院关于适用〈中华人民共和国民法典〉有关担保制度的解释》第十一条第一款规定："公司的分支机构未经公司股东（大）会或者董事会决议以自己的名义对外提供担保，相对人请求公司或者其分支机构承担担保责任的，人民法院不予支持，但是相对人不知道且不应当知道分支机构对外提供担保未经公司决议程序的除外。"出于保护交易安全的需要，新司法解释不再禁止公司的分支机构对外担保，但必须经过公司相关决议程序。对于相对人不知道且不应当知道分支机构未经相关决议程序的，出于保护相对人利益考虑，对

担保的效力也予以认可。而是否经公司股东（大）会或者董事会决议，相对人的合理审查义务均为形式审查，相对人只需证明其对公司董事会决议或股东（大）会决议进行了合理审查义务即可，即可判断相对人为善意，进而认定担保合同有效。

二、公司的分支机构对外担保无效情况下，公司是否要承担赔偿责任

《最高人民法院关于适用〈中华人民共和国民法典〉有关担保制度的解释》第十七条规定："主合同有效而第三人提供的担保合同无效，人民法院应当区分不同情形确定担保人的赔偿责任：（一）债权人与担保人均有过错的，担保人承担的赔偿责任不应超过债务人不能清偿部分的二分之一……"本条强调责任与过错之间的关系。公司的分支机构违规担保效力及赔偿认定的规则，其立法意旨是寻求对股东利益的保护与对善意相对方信赖利益的保护的平衡。实务中，分公司往往为其实际控制人、负责人或存在关联关系或其他利害关系的主体提供担保，从而损害公司股东的利益，而对于善意相对人也理应进行保护，从而避免道德风险，因此，立法需要平衡二者的利益保护。

现行关于公司的分支机构违规对外担保的规则对旧规进行了补充和完善，使债权人利益和股东利益的保护达到更好的平衡。

编写人：广西壮族自治区南宁市青秀区人民法院　尹胜

2

法定代表人越权代表相对人"善意"之认定

——开发公司诉网络技术公司借款合同案

【案件基本信息】

1. 裁判书字号

北京市西城区人民法院（2020）京0102民初15581号民事判决书

2. 案由：借款合同纠纷

3. 当事人

原告：开发公司

被告：网络技术公司

【基本案情】

2012年3月5日，开发公司与网络技术公司签署《借款合同》，合同约定开发公司向网络技术公司借款200万元，期限自2012年3月15日至2012年4月15日，为期一个月。同日，开发公司将上述款项划转至网络技术公司，借款期限届满后，开发公司向网络技术公司发出《公函》称上述款项已届还款期，并表明若不能在规定期限内还款将追究其违约责任，但网络技术公司仍旧未按照约定偿还欠款，故将网络技术公司诉至法院。

另，2012年4月9日，网络技术公司时任及现任法定代表人于某向网络技术公司发出《郑重声明》，称网络技术公司因部分董事以非正常手段取得网络技术公司控制权，公司处于极度混乱和风险之中。

【案件焦点】

网络技术公司未还款行为是否构成违约，是否应向开发公司支付违约损失。

【法院裁判要旨】

北京市西城区人民法院经审理认为：开发公司与网络技术公司之间签订的《借款合同》系双方当事人真实意思表示，且不违反强制性法律规定，故合同有效，双方当事人均应依约履行，网络技术公司未按时还款行为构成违约，理由如下：1. 从客观来看，根据上述《借款合同》，约定的还款时间为2012年4月15日，而网络技术公司未能在上述期限内偿还欠款，构成违约。2. 从归责原则来看，违约责任为无过错责任，其免责事由分为两类：一为不可抗力；二为合同各方当事人有约定。本案中，网络技术公司并未举证其未偿还借款系因不可抗力导致，亦未提供相关证据证明其与开发公司曾有过延期还款的约定。

3. 从主观来看，网络技术公司提交的法定代表人于某出具的《郑重声明》，只有于某本人口头陈述称开发公司股东存在矛盾、公司无法正常经营，但并无相关证据予以证明，在此情况下，网络技术公司却罔顾开发公司公章确认出具的《公函》，未进行尽职调查，未尽基本商主体注意义务，在开发公司及股东多次诉讼索款的情况下，拒绝还款，存在过失。4. 从主体地位来看，网络技术公司与开发公司之间的借款合同关系系公司与商主体之间的外部行为，而公司内部治理问题属于商主体的内部行为，其不应及于公司外部的债务人或债权人。5. 从《郑重声明》的效力来看，首先，于某出具该函件并无相关证据予以佐证公司无法正常经营，2015 年于某代表公司证照返还案亦因证据不足而被驳回；其次，于某称《郑重声明》系根据开发公司章程作出，但根据该《公司章程》，这类裁决权和处理权须符合公司利益并在事后向董事会和股东会报告，而事实上，于某上述《郑重声明》却延长了网络技术公司的还款期限并间接免除了网络技术公司逾期还款责任，对开发公司而言并无益处，且《郑重声明》亦无事后向董事会和股东会报告之记录；最后，根据《中华人民共和国民法总则》第六十一条规定，法人章程或者法人权力机构对法定代表人代表权的限制，不得对抗善意相对人，而非所有相对人。在网络技术公司已知晓公司章程，且在长达八年的时间里于某未能提供向董事会和股东会报告记录的情况下，仍执意不予还款，已属于恶意，于某超出《公司章程》授权行使的行为非职务行为，其效力不应及于公司。《郑重声明》无减免网络技术公司拒付逾期利息损失的效力。关于网络技术公司称于某至今仍为开发公司的法定代表人，足以证明其可以代表公司行使权力。法院认为开发公司现已进入强制清算状态，即非正常经营状态，代表公司行使权力的是清算组成员，而非于某，目前法定代表人没有变更只是因为公司尚未清算完毕，无法进行注销登记，但并不能证明于某仍享有相应的法定代表人权限。故法院对上述意见不予采纳。如上所述，网络技术公司行为已构成违约，网络技术公司应向开发公司支付违约损失。故开发公司要求支付以 200 万元为本金自 2012 年 4 月 16 日至实际付清之日止，按照年利率 6%计算的逾期利息损失之诉讼请求，于法有据，法院予以支持。

综上，北京市西城区人民法院依照《中华人民共和国合同法》第八条、第六十条、第一百零七条，《最高人民法院关于审理民间借贷案件适用法律若干问题的规定》第二十九条，《中华人民共和国民事诉讼法》第六十四条规定，判决：

网络技术公司于本判决书生效之日起十日内向开发公司返还借款200万元并支付逾期利息损失（以200万元为本金，自2012年4月16日计算至实际付清之日止，按照年利率6%计算）。

【法官后语】

本案系企业之间的借款纠纷，从合同效力来看，不存在《中华人民共和国民法典》第一百四十六条、第一百五十三条、第一百五十四条以及《最高人民法院关于审理民间借贷案件适用法律若干问题的规定》第十三条规定的情形，应认定该借贷合同有效。

本案的争议焦点为网络技术公司是否善意，虽然本案系在《中华人民共和国民法典》实施前裁判，但其法理未曾变更，所以笔者将从《中华人民共和国民法典》及相关司法解释的视角来阐述这一问题。

根据《中华人民共和国民法典》第六十一条第三款“法人章程或者法人权力机构对法定代表人代表权的限制，不得对抗善意相对人”以及第五百零四条“法人的法定代表人或者非法人组织的负责人超越权限订立的合同，除相对人知道或者应当知道其超越权限外，该代表行为有效，订立的合同对法人或者非法人组织发生效力”之规定，法定代表人违反公司章程越权作出的意思表示有效的前提为相对方为善意。而参照《最高人民法院关于适用〈中华人民共和国民法典〉有关担保制度的解释》的规定，善意是指相对人在订立合同时不知道且不应当知道法定代表人超越权限，相对人有证据证明已对公司决议进行了合理审查，人民法院应当认定其构成善意，但是公司有证据证明相对人知道或者应当知道决议系伪造、变造的除外。

本案中，虽然所涉纠纷并非担保法律关系，但法定代表人作出的暂缓还款和延期还款这一决定属于公司重大决策，影响公司切身利益，属于应通过董事会决议或股东会决议表决决定之事项，网络技术公司明知其法定代表人作出的《郑重声明》未履行事后向董事会和股东会报告这一报备义务，在开发公司发出催款《公函》后仍拒不还款，应认定其构成恶意。据此，法定代表人越权作出的《郑重声明》自然无法体现公司意志，而应依据《公函》来判定公司的真实意思表示，由此判断网络技术公司是否存在违约行为。

另外，本案中法定代表人虽未进行工商变更，但公司已经进入清算这一非正常经营状态，自然不能以公司工商登记情况来认定公司意志。作为商主体，在发生商行为时，是否对公司经营状况进行了尽职调查亦应属于其善意认定的一部分。

最后，不论是《全国法院民商事审判工作会议纪要》还是《中华人民共和国民法典》及相关司法解释，公司决议是最能体现公司意志的。所以需要判断公司重大决策事项，相对方是否善意时，在有公司决议的情况下，"人""章"都只能作为参考，不能简单地"看人不看章"或"看章不看人"。

编写人：北京市西城区人民法院　赵琳

3

网络借贷《借款协议》的效力认定

——资产管理公司诉黄某借款合同案

【案件基本信息】

1. 裁判书字号

广西壮族自治区贵港市覃塘区人民法院（2020）桂 0804 民初 13 号民事判决书

2. 案由：借款合同纠纷

3. 当事人

原告：资产管理公司

被告：黄某

【基本案情】

2017年7月18日，黄某作为甲方（借款人），投资公司作为乙方，信息公司作为丙方、科技公司作为丁方，四方签署《借款服务协议》。该协议约定：乙方为甲方提供风险评估服务；乙方推荐甲方在丙方某平台上向特定的出借人匹配借款，丙方收到甲方信息后在丙方平台上展示并发起融资为甲方提供个性化的融资服务，丁方为甲方的线上融资提供技术服务与支持；如经乙方推荐丙方审核，前述借款匹配成功，甲方、丙方及出借人将通过某平台共同签署线上《借款协议》；乙方推荐甲方在某平台借款，借款金额为人民币65000元，借款期限为36个月，甲方每月还款金额为人民币2112.65元；甲方在某平台进行用户注册并在支付机构（即与丙方合作的持有第三方支付牌照的公司或银行）开设与甲方某平台账户关联的交易结算资金管理账户；自出借人出借款项进入甲方上述交易结算资金管理账户即视为出借人已经完成借款交付义务，债权即刻成立，甲方是否提现（将交易结算资金管理账户中的资金转入甲方银行账户）可自行安排，且不影响出借人的债权效力；甲方同意并授权，乙方评估费、融资服务费与技术服务费在甲方取得借款时由丙方及其合作的第三方支付机构自甲方某平台收款账户中一次性扣除。同日，黄某（甲方）与某平台账户马某、胡某等169人（乙方）、信息公司（丙方）签署《借款协议》，该协议约定，甲方向乙方马某、胡某等169人借款65000元（各人的出借款金额从20.12元至5000元不等），借款期限为2017年7月18日至2020年7月19日，年化利率10.5%，还款计划按每月等额本息于每月19日向乙方偿还借款本息等。黄某从2017年8月19日起未按约定还款，马某等169人于2017年8月20日至2017年11月17日期间分5次将黄某应还本金及利息转让给资产管理公司，并以马某等人为甲方，资产管理公司为乙方，签订了《债权转让协议》。资产管理公司受让债权后委托某平台将债权转让事项向黄某告知及向黄某宣布《借款协议》项下全部借款提前到期，到期日为2017年11月18日。

对涉案债务，广州仲裁委员会曾于 2018 年 6 月 15 日作出（2018）穗仲网案字第 8302 号裁决书，裁决书生效后，资产管理公司向广西壮族自治区贵港市中级人民法院申请执行，广西壮族自治区贵港市中级人民法院审查后认为人民法院直接执行这类仲裁裁决，将会助长社会上违法放贷，扰乱金融秩序，滋长金融风险，造成社会安全隐患，违背社会公共利益，遂作出（2019）桂 08 执 133 号执行裁定书，裁定不予执行。后资产管理公司向上海市虹口区人民法院起诉，上海市虹口区人民法院以对本案无管辖权为由裁定将本案移送广西壮族自治区贵港市覃塘区人民法院处理。

【案件焦点】

案涉《借款协议》及《债权转让协议》的效力问题。

【法院裁判要旨】

广西壮族自治区贵港市覃塘区人民法院经审理认为：资产管理公司和信息公司并不具备金融行业从业资质，其营业执照经营范围也不包括发放贷款业务事项。本案中，信息公司通过其运营的某平台吸收资金，偏离信息中介性质，其利用相关出资人名义与黄某共同订立《借款协议》，名为点对点借贷，实为“资金池”，直接向黄某发放贷款，存在以归集资金和借用他人名义发放贷款的形式来掩盖无金融放贷资质从事放贷的行为，违反《网络借贷信息中介机构业务活动管理暂行办法》第十条关于网络借贷信息中介机构不得从事或者接受委托从事直接或间接接受、归集出借人的资金和发放贷款等活动的规定，为我国法律所禁止。因此，本案中马某、胡某等 169 人与黄某、信息公司在线签署的《借款协议》为无效协议，资产管理公司与马某、胡某等 169 人在线签署的《债权转让协议》也应当认定无效，资产管理公司与马某、胡某等 169 人通过债权转让受让的形式掩盖其从事非法放贷的业务，产生的非法利益不受法律保护。根据《非法金融机构和非法金融业务活动取缔办法》第十八条“因参与非法金融业务活动受到的损失，由参与者自行承担”的规定，资产管理公司的全部诉讼请求法院予以驳回。

广西壮族自治区贵港市覃塘区人民法院依照《中华人民共和国合同法》第五十二条第三项和第五项以及《中华人民共和国民事诉讼法》第一百四十四条规定，判决：

驳回资产管理公司的全部诉讼请求。

【法官后语】

目前，许多网贷信息中介机构（以下简称网贷机构）背离了信息中介的定性，承诺担保增信、错配资金池等，已由信息中介异化为信用中介，本案判决对网络借贷（以下简称网贷）起到规范作用，保护金融消费者权益，使网贷机构回归信息中介的本质。网贷是指个体和个体之间通过互联网平台实现的直接借贷，即大众所熟知的P2P个体网贷，属于民间借贷范畴，受《中华人民共和国民法典》等法律法规以及相关司法解释规范。网贷业务是以互联网为主要渠道，为借款人和出借人实现直接借贷提供信息收集、信息公布、资信评估、信息交互、借贷撮合等服务。网贷机构是指依法设立，专门经营网贷业务的金融信息服务中介机构，其本质是信息中介而非信用中介，因此不得吸收公众存款、归集资金设立资金池、不得自身为出借人提供任何形式的担保等。网贷利用互联网信息技术，不受时空限制，使资金提供方与资金需求方在平台上直接对接，进行投融资活动，拓宽了金融服务的目标群体和范围，有助于为社会大多数阶层和群体提供可得、便利的普惠金融服务，进一步实现了小额投融资活动低成本、高效率、大众化，对于“稳增长、调结构、促发展、惠民生”具有重要意义。

随着经济的发展，民间借贷的形式越来越呈现多样化，而网贷作为互联网金融业态的重要一环，其发展态势更是势不可当，但也逐渐呈现出“快、偏、乱”的现象。一是规模增长势头过快。近年来网贷行业无论在机构数量还是业务规模方面均呈现出迅猛增长的势头。二是业务创新偏离轨道。目前大部分网贷机构偏离信息中介定位以及服务小微和依托互联网经营的本质，异化为信用中介，存在自融、违规放贷、设立资金池、期限拆分、大量线下营销等行为。三是风险乱象时有发生。网贷行业中问题机构不断累积，风险事件时有发生，这些问题机构部分受资本实力及自身经营管理能力限制，当借贷大量违约、经营难以为继时，出现“卷款”“跑路”等情况，部分机构销售不同形式的投资产品，规避相关金融产品的认购门槛及投资者适当性要求，在逃避监管的同时，加剧风险传播，部分机构甚至通过假标、资金池和高收益等手段，进行自融、庞氏骗局，碰触非法集资底线。

针对近年来的“套路贷”“校园贷”及民间借贷乱象给社会带来的负面影响，国家在立法层面出台了一系列措施，如2015年9月1日实施的《最高人民法院关于审理民间借贷案件适用法律若干问题的规定》，对民间借贷作出了详细的规定，特别是在借贷合同效力的认定问题上。再如2019年10月21日实施的《最高人民法院关于办理非法放贷刑事案件若干问题的意见》中明确了扰乱金融秩序的非法放贷行为认定标准，任何人未经批准，不得以借贷为业，民间借贷必须是合法收入的自有资金。出借人通过向社会不特定对象提供资金以赚取高额利息，出借行为具有反复性、经常性，借款目的具有营业性，未经批准，擅自从事经常性的贷款业务，属于从事非法金融业务活动，所签订之民间借贷合同因违反强制性规定而无效。人民法院在审理该类案件时，应当根据上述法律法规，并结合《中华人民共和国民法典》中有关合同无效事由的相关规定，进而对此类合同的效力进行认定。

编写人：广西壮族自治区贵港市覃塘区人民法院　杨云

4

金融不良债权受让后的计息规则

——代理公司诉技术公司借款合同案

【案件基本信息】

1. 裁判书字号

北京市高级人民法院（2020）京民终257号民事判决书

2. 案由：借款合同纠纷

3. 当事人

原告（被上诉人）：代理公司

被告（上诉人）：技术公司

【基本案情】

1996年至1997年，某银行营业部向房地产公司借款2笔共计2000万元，并通过两份《借款合同》约定了利息等，技术公司（当时为全民所有制企业，2002年改制为有限责任公司）为上述借款提供担保，连带承担偿还本息等。2000年6月20日，某银行营业部、甲公司北京办事处、房地产公司、技术公司签订《债权转让协议》，约定某银行营业部将其至2000年3月20日在上述借款合同项下的全部未受清偿债权转让给甲公司北京办事处。截至2001年12月，房地产公司累计还息163万元，其余本息未偿还，技术公司未履行保证责任。北京市第一中级人民法院作出（2002）一中民初字第4254号民事判决，判令房地产公司于判决生效后10日内偿还甲公司北京办事处借款本金1837万元及利息，技术公司对上述款项承担连带保证责任等。

2006年9月12日，甲公司北京办事处向担保公司转让资产包清单所列示的各项资产，其中债权部分为截至基准日的主债权、从权利以及由此转化的其他相关权益。包括案涉对房地产公司的本金1837万元、利息561.98万元，转让基准日为2006年7月17日。2007年3月19日，担保公司向乙公司出售债权，包括案涉对房地产公司的主债权及相应从权利本息合计2398.98万元，本金1837万元。2007年10月8日，乙公司约定向代理公司出售债权，包括案涉对房地产公司本金为1837万元的债权。同年11月8日，担保公司、乙公司、代理公司发布公告称，担保公司、乙公司将公告载明的债务人（借款人）、保证人的债权及担保从权利转让给代理公司，债务人应立即向代理公司清偿本金及相应利息；保证人应立即履行连带保证责任，清偿债务本息。其中包含案涉对房地产公司本金为1837万元的债权。2009年4月，北京市第一中级人民法院裁定将（2002）一中民初字第 4254 号民事判决确定的债权人变更为代理公司。技术公司进入强制清算程序后，清算组认为代理公司剩余债权为 0 元，并未予重新核定。

【案件焦点】

1. 代理公司有权主张的利息范围；2. 本案是否应适用《关于审理涉及金融不良债权转让案件工作座谈会纪要》（以下简称《海南会议纪要》）；3. 涉案债权利息的计算及数额。

【法院裁判要旨】

北京市第一中级人民法院经审理认为：1. 代理公司有权主张债权本金及利息。乙公司、担保公司、代理公司发布的债权转让公告中已明确债务人应向代理公司清偿相应利息，保证人亦应清偿债务本息。同时（2002）一中民初字第 4254 号民事判决确定的债权人变更为代理公司。代理公司有权主张迟延履行期间的债务利息。《中华人民共和国民事诉讼法》第二百五十三条规定，迟延履行期间的债务利息是一种法定的惩罚措施，被执行人未按期履行生效文书确定的给付义务的，即应支付迟延履行期间的债务利息。本案中，（2002）一中民初字第 4254 号民事判决已经发生法律效力，虽然该判决书中未写明迟延履行期间的债务利息，但代理公司仍有权主张。

2.《最高人民法院关于如何理解最高人民法院法发（2009）19 号〈会议纪要〉若干问题的请示之答复》［以下简称（2009）民二他字第 21 号答复］中规定，根据《海南会议纪要》的精神和目的，涉及非国有企业债务人的金融不良债权转让纠纷案件，亦应参照适用《海南会议纪要》的规定。《最高人民法院关于非金融机构受让金融不良债权后能否向非国有企业债务人主张全额债权的请示与答复》［以下简称（2013）执他字第 4 号答复］中，规定了适用《海南会议纪要》的转让时间、转让主体、债务人性质、适用程序等。2000 年 6 月 20 日由某银行营业部转让债权给甲公司北京办事处，转让时间、转让主体均符合。关于债务人性质，因（2009）民二他字第 21 号答复已将《海南会议纪要》

适用范围扩大至非国有企业，故技术公司企业性质对于是否适用不构成影响。关于适用程序，（2013）执他字第 4 号答复规定在执行程序中的案件应参照《海南会议纪要》精神处理。因此，涉案债权在《海南会议纪要》发布时虽已经进入执行程序，但仍应参照适用。

3.《海南会议纪要》第九条规定，利息计算截止日为受让日。（2013）执他字第 4 号答复第二条规定，《海南会议纪要》发布日之前的利息按照相关法律规定计算；发布日之后不再计付利息。本案中，涉案债权的产生及确定均在《海南会议纪要》发布之前，故债权利息应当计算至 2009 年 3 月 30 日。在诉争利息的具体数额上，根据双方确认的计算方式和计算结果，按照 1837 万元的借款本金，计算至 2009 年 3 月 30 日，利息应为 17962997 元，上述利息加债权本金、案件受理费及保全费，并扣除代理公司已经受偿的部分，代理公司剩余债权数额应为 7759503 元。

综上，北京市第一中级人民法院依照《中华人民共和国合同法》第二百零七条，《中华人民共和国担保法》第十八条，《中华人民共和国民事诉讼法》第二百五十三条规定，判决：

一、确认代理公司对技术公司享有债权 7759503 元；

二、驳回代理公司的其他诉讼请求。

技术公司不服一审判决，提起上诉。

北京市高级人民法院经审理同意一审法院裁判意见，依照《中华人民共和国民事诉讼法》第一百六十九条第一款、第一百七十条第一款第一项规定，判决：

驳回上诉，维持原判。

【法官后语】

本案涉及主要问题为金融不良债权受让后应如何计息。

一、《海南会议纪要》的适用范围

金融不良债权转让产生于一定的历史时期，在金融不良债权转让后，受让人是否可以继续按照原有计息规则收取利息罚息等在实践中产生争议，最高人民法院为此专门出台《海南会议纪要》及其一系列规定进行规范。针对一笔金融不良债权是否适用《海南会议纪要》，需要考虑以下三个要素。

1. 转让受让主体和最初转让时间。《海南会议纪要》所适用的不良债权转让分为政策性不良债权和商业性不良债权。这两类不良债权各有其特殊的转让时间和转让受让主体：政策性不良债权的转让时间是1999年至2000年，转让主体为中国银行、中国农业银行、中国建设银行、中国工商银行以及国家开发银行，受让主体为四家金融资产管理公司。商业性不良债权转让时间是2004年至2005年，但是根据《〈关于审理上市公司破产重整案件工作座谈会纪要〉的理解与适用》①规定转让主体不限于交通银行、中国银行、中国建设银行和中国工商银行等商业银行。受让主体为四家金融资产管理公司。

2. 债务人类型。从《海南会议纪要》规定条文看出，其所规范的系债务人为国有企业的案件。但是，在当时历史背景下，所转让的不良债权不仅包括国有企业债务人，还包括非国有企业债务人。《〈关于审理上市公司破产重整案件工作座谈会纪要〉的理解与适用》在谈到对不良债权转让合同认定无效的理解时，债务人为非国有企业的，亦应按照规则处理。同时，处于市场经济的背景下，国有企业也进入市场化改革时期，不少国有企业改制为非国有企业，如果单单因为不良债权产生时债务人是国有企业，诉讼时债务人经改制不是国有企业，就不属于《海南会议纪要》规定内容，显然不合理。（2009）民二他字第21号答复中规定，根据《海南会议纪要》的精神和目的，涉及非国有企业债务人的金融不良债权转让纠纷案件，亦应参照适用《海南会议纪要》的规定。所以不良债权的债务人可以是国有企业也可以是非国有企业。

3. 适用程序阶段。《海南会议纪要》规定，仅适用于在发布之后尚在一审或者二审阶段的案件。（2013）执他字第4号答复将其扩大至执行程序中的案件。因此，涉案债权纠纷如果在一审、二审、执行阶段均应适用《海南会议纪要》之规定。

---

① 宋晓明、张勇健、赵柯：《〈关于审理上市公司破产重整案件工作座谈会纪要〉的理解与适用》，载《人民司法》2013年第1期。

二、停止计息的时间确定

结合《海南会议纪要》第九条和（2013）执他字第4号答复第二条规定，对于适用《海南会议纪要》的金融不良债权，受让日在发布日前的，利息停止计算时间为受让日；受让日在发布日后的，利息停止计算时间为发布日。一方面，考虑到受让人基于利益信赖原则，在受让人受让时对所受让债权的利息是有独特期待的。另一方面，不良债权转让价格往往过低，如果无限期计算利息，将导致成本收益有不合理差距。

三、收取的利息是否包括复利

在金融不良债权转让过程中，最初的金融借款合同往往载有计收复利的规定，并且还会有法院生效判决予以确认。《中华人民共和国民法典》第五百四十七条规定，债权人转让债权的，受让人取得与债权有关的从权利，但是该从权利专属于债权人自身的除外。根据中国人民银行《人民币利率管理规定》，金融机构有权计收复利。因此，计收复息的权利专属于商业银行和金融资产管理公司等金融机构。即便在金融不良债权转让时，明确约定受让人可以计收复利，或者受让人取得规定计收复利的生效法律文书权利，非金融机构的不良债权受让人也无权向债务人计收复息。

编写人：北京市第一中级人民法院　邹明宇　孙立尧

5

债务加入与债务转移存在本质区别

——尹某诉甲公司、乙公司借款合同案

【案件基本信息】

1. 裁判书字号

北京市丰台区人民法院（2020）京0106民初16131号民事判决书

2. 案由：借款合同纠纷

3. 当事人

原告：尹某

被告：甲公司、乙公司

【基本案情】

尹某与投资公司、甲投资中心（有限合伙）签订《合伙协议》，确认尹某出资100万元，基金预期每年收益率不低于13%。后尹某与投资公司签订《合伙企业财产份额转让协议》，约定投资公司购买尹某的合伙份额并支付尹某转让价款及分红共106.5万元。投资公司与案外人乙投资中心等四中心签订一号协议书确认乙投资中心等四中心以120万元价格共同购买《合伙企业财产份额转让协议》中投资公司以100万元收购的尹某的合伙份额。乙投资中心等四中心与尹某签订《应收账款转让协议》，投资公司与尹某签订二号协议书共同确认乙投资中心等四中心将已方对甲公司享有的120万元债权转让给尹某。后乙投资中心等四中心共同向甲公司出具《应收账款转让通知书》。2015年4月3日，尹某与甲公司、乙公司签订《还款协议》，约定甲公司向尹某偿还乙投资中心等四中心对其享有的120万元债权，并支付相应的利息，乙公司自愿为该笔债务提供房产进行担保。此后甲公司、乙公司的法定代表人王某向尹某偿还20万元。

2015年1月29日，尹某将投资公司、甲投资中心诉至法院，要求其偿还欠款。后各方达成调解，北京市丰台区人民法院于2015年4月23日出具民事调解书。但因投资公司及甲投资中心未履行调解书，尹某向法院申请强制执行，执行到位部分案款后，因未能查询到其他财产可供执行，法院裁定终结本次执行程序。

【案件焦点】

1. 本案诉讼是否构成重复起诉；2. 如果不构成重复起诉，受偿的款项金额应当如何认定。

【法院裁判要旨】

北京市丰台区人民法院经审理认为：首先，（2015）丰民（商）初字第04841号案件与本案不仅诉讼主体不同，所依据的事实基础亦不相同。其次，从债权转让的过程可知，尹某的上述债权虽不断发生变化，但其对甲公司的债权经合法转让并最终获得，且经双方书面确认，故合法有效。而投资公司虽然最初转移了债务，但在明知甲公司已经受让债务的情况下，仍然与尹某达成调解协议，表明其愿意继续承担对尹某的债务清偿责任，应当认定投资公司与甲公司均负有还款义务。综上，尹某就《还款协议》提起本案诉讼，形式上不构成重复起诉，实质上不构成重复受偿，而是投资公司以债务加入的方式承担共同还款责任，应当就其承诺的还款金额承担各自对应的还款义务，但尹某的受偿金额不应超过其债权总额。两案中任何一方的付款都应当减轻其他各方所负的债务责任，直至还款金额承诺最高的一方还清为止。

综上，北京市丰台区人民法院依据《中华人民共和国合同法》第二百零六条、第二百零七条，《中华人民共和国担保法》第三十三条、第四十一条，《中华人民共和国民事诉讼法》第六十四条第一款，《最高人民法院关于审理民间借贷案件适用法律若干问题的规定》第二十六条，《最高人民法院关于适用〈中华人民共和国合同法〉若干问题的解释（二）》第二十一条规定，判决：

一、甲公司于本判决生效之日起十日内向尹某偿还债务本金100万元；

二、甲公司于本判决生效之日起十日内向尹某偿还利息（以100万元为基数，自2015年3月23日至2015年7月31日，按照年利率13%标准计算）、逾期付款违约金（以100万元为基数，自2015年8月1日至实际付清之日，按照年利率24%标准计算）；

三、乙公司于本判决生效之日起十日内协助尹某就其房产办理抵押登记，将尹某登记为抵押权人；

四、投资公司、甲投资中心在（2015）丰民（商）初字第04841号案件执行过程中对尹某的还款，与本案甲公司、乙公司的还款相互抵扣，总额不超过各自所应承担的债务本金及利息、违约金；尹某所受偿的全部债权总额本金以不超过120万元为限，利息、违约金以不超过两案中所确定的最高额者为限；

五、驳回尹某的其他诉讼请求。

【法官后语】

本案的核心问题为前诉确定的还款义务与本案被告的还款义务是否冲突，即原告与前诉被告达成调解协议是否产生对本案被告债务免除的法律效果。这是债的承担在司法实践中一直容易混淆的两个问题，即债务加入与债务转移。

从法律后果与功能价值上看，债务加入是并存的债务承担，与债务转移存在本质不同。因债务人的还款能力和信赖程度等因素对于债权的实现有关键影响，债权人在债务转移中承担了更大的风险。但是债务加入本质上是增加一个新的债务人来保障债权实现，债权人的债权实现不但未受到减损，反而可能有所增益，无须以债权人同意为前提。《中华人民共和国民法典》第五百五十二条增设关于债务加入的规定，即采纳了这一观点，并明确债务加入虽不需要债权人同意，但其弥补了立法上的漏洞，也为司法实践提供了明确依据。

在债务转移与债务加入的意思表示不明确时，如何区分债务转移与债务加入？从《中华人民共和国民法典》的立法导向角度看，债务加入比债务转移更有利于保护债权人利益，考虑到债权人对债务人资金能力与履行能力的信赖，从保护债权人利益的价值出发，债务人不应轻易地从原债务中脱离。在明确了这一价值导向的基础上，认定二者非此即彼时仍不能僵化处理，应当重点审查在第三人作出履行债务承诺的意思表示时，债权人是否明确同意债务人免除履行债务的义务。如果第三人作出履行债务的意思表示，债权人虽接受第三人履行债务，但未明确表示统一债务人脱离债权债务关系，即应当认定第三人的行为构成债务加入，并不免除债务人履行债务的义务。

综上，本案即是此种情形，第三人虽通过达成调解书的形式作出承诺履行债务的意思表示，但在债权人未明确表示免除债务人债务时，债务人与第三人应当共同向债权人承担履行债务的义务。

编写人：北京市丰台区人民法院　尚飘　徐冲

6

贷款人违反设立目的或内部规章制度订立合同的效力认定

——某银行诉济南某公司等金融借款合同案

【案件基本信息】

1. 裁判书字号

北京市第二中级人民法院（2020）京02民终8546号民事判决书

2. 案由：金融借款合同纠纷

3. 当事人

原告（被上诉人）：某银行

被告（上诉人）：济南某公司

被告：西安某公司、财富公司

【基本案情】

2010年7月6日，某银行与西安某公司签订《借款合同》，合同尾部签章处，崔某以西安某公司法定代表人身份签字并加盖公司公章。2010年6月9日，济南某公司出具的股东会决议载明股东会一致同意济南某公司为西安某公司提供连带责任担保的决议。该决议加盖了济南某公司公章，全体股东签字处有崔某、钟某的签字。后某银行与西安某公司、济南某公司共同签署补充协议，将还款计划进行了调整。2010年7月7日，某银行分别与济南某公司、财富公司签订《保证合同》，两份合同约定济南某公司、财富公司为某银行与西安某公司在2010年7月6日签署的《借款合同》项下的债务提供连带责任保证担保。

某银行按照约定向西安某公司放款，西安某公司自2010年9月21日起对案涉贷款本息进行还款，一直还款至2017年9月21日。之后，西安某公司未有任何新的还款。

案涉《借款合同》签署时，西安某公司的法定代表人为崔某，2016年2月24日，该公司的法定代表人变更为金某。案涉《保证合同》签署时，济南某公司的法定代表人为崔某，股东共2人即崔某和钟某，现崔某仍为该公司法定代表人。

【案件焦点】

双方签订的《借款合同》和《保证合同》的效力。

【法院裁判要旨】

北京市西城区人民法院经审理认为：当事人依法享有自愿订立合同的权利，任何单位和个人不得非法干预，依法成立的合同，对当事人具有法律约束力，受法律保护。当事人行使权利、履行义务应当遵循诚实信用原则。某银行与西安某公司签署的《借款合同》，未违反国家法律、行政法规的强制性规定。此后，某银行依约向西安某公司发放贷款，西安某公司根据合同之约定还款，以上情形足以证明《借款合同》系某银行与西安某公司之间的真实意思表示，故《借款合同》系有效合同。后西安某公司未再还款，已构成违约，应当承担相应的违约责任，某银行要求其偿还借款本金、利息、罚息、复利的诉讼请求，法院予以支持。

北京市西城区人民法院依照《中华人民共和国合同法》第四条、第六条、第八条、第三十二条、第五十条、第六十条、第二百零五条、第二百零六条、第二百零七条，《中华人民共和国担保法》第六条、第十八条、第二十一条、第三十一条，《中华人民共和国民事诉讼法》第六十四条第一款规定，判决：

一、西安某公司于判决生效之日起十日内向某银行偿还截至2018年4月24日的欠款共计15223321.67元，以及自2018年4月25日起至实际清偿之日止的利息、罚息、复利（按《借款合同》约定的标准结算）；

二、济南某公司、财富公司对判决第一项确定的西安某公司的债务承担连带清偿责任；

三、济南某公司、财富公司清偿连带责任后，有权在其清偿范围内向西安某公司追偿。

济南某公司不服一审判决，提起上诉。

北京市第二中级人民法院经审理认为：合同签订后，除存在法定无效情形外，应认定为有效。济南某公司上诉称某银行的借款行为违反某银行《进口信贷固定资产贷款管理办法》及其操作规程的强制性要求，亦不符合其在《借款合同》中设置的放款条件，但《进口信贷固定资产贷款管理办法》及其操作规程并非效力性强制性规定，某银行是否违反上述规定发放贷款，均不影响涉案《借款合同》的效力。至于贷款发放是否符合《借款合同》中约定的先决条件，系合同履行问题，与合同效力无涉。《借款合同》系各方当事人真实意思表示，未违反国家法律、行政法规的强制性规定，系有效合同。涉案《担保合同》作为《借款合同》的从合同，因不存在法定无效情形，亦为有效协议。

盖章与签字具有同等效力，均系对书面形式的意思表示的确认。对自然人而言，签字与加盖私章都由其完成，二者具有同等效力。但公司是组织体，需要特定自然人的签字或盖章才能实现其意志。而该自然人也是独立的法律主体，在此情况下，确定该自然人的行为是其自身的行为还是代表公司从事的行为就至关重要，自然人在合同书加盖公章的行为，即表明该行为系职务行为而非个人行为，应由公司承担法律后果，而从事职务行为的前提为，该自然人具有代表权或代理权。在我国当前法制下，公司的法定代表人以公司名义从事的行为，其后果原则上均由公司承受。本案中，某银行与济南某公司的《保证合同》，在签署该合同之前，经过济南某公司股东会决议讨论通过，在签署时经济南某公司法定代表人崔某签字并加盖公章，即便该合同上加盖的公章非济南某公司的真实公章，亦应由济南某公司承担相应的法律后果。且在后续合同履行过程中，济南某公司参与了借款合同的补充协议的签署，并曾就主合同项下债务进行代偿，在此情形下，济南某公司主张《保证合同》无效的答辩意见，没有事实及法律依据，亦违背诚实信用之原则，不予支持。

北京市第二中级人民法院依照《中华人民共和国民事诉讼法》第一百七十条第一款第一项规定，判决：

驳回上诉，维持原判。

【法官后语】

合同效力制度是合同法中的重要内容之一，其不仅是对当事人之间合意的法律评价，更是保证交易安全、促进交易效率的关键一环。本案中，一审法院主要以贷款人已依约放款，借款人前期已依约还款；贷款人在借款人未能提交财务报告的情况下放款的行为视为贷款人放弃合同权利；盖章与签字具有同等效力，均系对书面形式意思表示的确认，且保证人参与了主合同借款合同补充协议的签署，还曾就主合同项下债务进行代偿；补充协议将还款期限延期6个月系对债务人债务的减轻而非加重，且保证人济南某公司也参与了签订补充协议四点观点，认为济南某公司的答辩意见没有事实及法律依据，亦有违诚实信用之原则，不予采信。

二审法院主要以贷款人内部发放贷款的规章制度，非效力性强制性规定；在《借款合同》中设置的放款条件，系合同履行问题，与合同效力无涉；发放贷款时先决条件是否全部满足，不构成对借款合同主要条款的变更，亦未加重济南某公司的担保责任三点观点，驳回济南某公司的上诉，维持原判。

本案一、二审的观点和判决内容，暴露了市场经济下各方交易主体存在的关于合同效力认定的“误区”。无论是银行还是其他企事业主体，在设立时均会在相关政府部门登记经营或者活动范围，片面地认为超出经营或活动范围签订的合同即为无效合同，有违民事法律规范的诚实信用原则，也不符合当事人意思自治原则的要求。此外，银行或其他企事业主体超出经营或活动范围，从事一般的民事法律活动，应由相关监管部门监管或处理，而非对民事法律活动的相对人产生影响。当然，违反法律、行政法规的强制性规定或者公序良俗的除外。

本案中，贷款人违反合同约定的需要借款人达到一定条件才放款的行为，属于贷款人放弃合同权利，不影响借款合同的效力。但是，笔者认为，如果合同约定需要借款人达到一定条件对保证人提供保证是有影响的，可能会影响保证合同的效力，如加重了保证人的担保义务。显然，本案中贷款人在借款人未提交财务报告的情况下放款，并不会加重保证人的义务，因为保证人参与了借款合同的订立，对放款、还款的情况均是知情、认可的，不会对保证人提供保证有影响。

编写人：北京市西城区人民法院　时华亭

7

债权人不知情的由名义借款人承担还款责任

——村镇银行诉宋某等金融借款合同案

【案件基本信息】

1. 裁判书字号

广西壮族自治区博白县人民法院（2020）桂0923民初1472号民事判决书

2. 案由：金融借款合同纠纷

3. 当事人

原告：村镇银行

被告：宋某、牟某、钟甲、农牧公司、吴某、钟乙

第三人：管理公司

【基本案情】

农牧公司为取得贷款，与宋某协商，由其向村镇银行借款70万元，还款付息的义务由农牧公司负责，宋某则可获得扶助资金等好处。2016年6月30日，村镇银行与宋某、牟某、钟甲、农牧公司、吴某、钟乙签订《个人借款/担保合同》。牟某、钟甲用其共有的房屋所有权为借款作抵押担保。该抵押物曾于

2015年7月10日以债权400万元最高额抵押。借贷时，村镇银行与牟某、钟甲签订一份《抵/质押物品清单》对抵押物再次确认。农牧公司、吴某、钟乙为该笔贷款作连带保证责任，保证期间为合同签订之日起至借款人的债务履行期满之日起两年止。村镇银行于2016年7月1日将70万元贷款发放到宋某的账户。2016年7月24日，该款转至农牧公司的账户。借款期间，农牧公司、胡某、陆某的账户以转账方式支付贷款利息共计13687.76元。村镇银行未能收回本金70万元及相应的利息。

【案件焦点】

还款责任由名义借款人承担还是由实际借款人承担。

【法院裁判要旨】

广西壮族自治区博白县人民法院经审理认为：宋某、牟某、钟甲、农牧公司、吴某、钟乙对涉讼《个人借款/担保合同》上各自签名或盖章的真实性不提异议，法院确认该合同当事人真实可信。根据《中华人民共和国合同法》第三十二条的规定："当事人采用合同书形式订立合同的，自双方当事人签字或者盖章时合同成立。"该合同的签订虽可能存在欺诈行为，但依照《中华人民共和国合同法》的规定，合同未被撤销的，村镇银行与宋某等之间仍产生相应的合同权利义务。农牧公司私下与宋某商谈，作出相应承诺，由宋某向村镇银行借款，该借款归农牧公司使用。宋某以其名义向村镇银行借款，签订借款合同，农牧公司以担保人身份与村镇银行签订连带责任担保合同，共同完善借款/担保合同的签订，设立了相应的权利义务。上述行为均为当事人的真实意思表示，不违反法律规定，为合法有效合同。村镇银行与宋某是借贷合同法律关系，村镇银行与农牧公司是担保合同法律关系，宋某与农牧公司对借款的使用是另一种合作关系。吴某、钟乙、牟某、钟甲、农牧公司应依约承担保证担保责任。

村镇银行已经向宋某发放借款本金70万元，事实清楚，证据充分。村镇银行与宋某等约定借款利息及其违约责任，不违反法律规定，当事人应当依约履行。宋某辩解农牧公司是实际用款人，应由农牧公司还款，以及钟乙辩解农牧公司是实际借款人，农牧公司同意作为借款人承担还款责任。本案借款人是宋某，农牧公司是担保人，农牧公司与宋某对借款的使用是另一民事行为，与本案无关。根据合同相对性原则，宋某、钟乙上述辩解不符合法律规定。

综上，广西壮族自治区博白县人民法院依照《中华人民共和国合同法》第三十二条、第二百零五条、第二百零六条、第二百零七条，《中华人民共和国担保法》第六条、第十八条、第二十一条、第四十六条、第五十三条、第五十九条，《中华人民共和国民事诉讼法》第一百四十四条规定，判决：

一、宋某返还借款本金70万元给村镇银行；

二、宋某支付借款利息给村镇银行（以70万元为基数，从2016年7月1日至2017年6月24日，按照月利率3.625‰计算利息，罚息从2017年6月25日起，在借款执行月利率3.625‰基础上浮50%计算，复利按中国人民银行规定的计算，直至借款本息清偿完毕之日止，已支付的利息13687.76元，予以扣减）；

三、农牧公司、吴某、钟乙对上述第一项、第二项债务承担连带清偿责任；

四、村镇银行对牟某、钟甲用作借款抵押的房屋所有权享有抵押担保的优先受偿权。

【法官后语】

通常来说，实际借款人以名义借款人的名义实施借款的行为为借名借款。借名借款在现实生活中虽然常见，但没有专门的法律进行规定，在立法上还存在一定的滞后性。借名借款合同的效力如何认定，法律责任由谁承担在司法实践中出现了不同的裁判思路。笔者结合本案以及相关法律规定，从以下几点对本案的借名借款行为进行探讨。

一、借名借款的含义

借名借款，是指实际借款人为取得借款以名义借款人的名义与第三人实施借款的行为。名义借款人为出名人，实际借款人为借名人，第三人为借款出借人。三方主体之间构成不同的法律关系。名义借款人与第三人之间形成借款合同关系，名义借款人与实际借款人之间往往会约定名义借款人与第三人的借款合同责任由实际借款人承担。

二、还款责任之主体

关于借名借款行为所产生的还款责任主体问题，实践中主要有两种不同的观点。一种观点认为，名义借款人与第三人之间形成的是借款合同关系，根据合同相对性原则，还款责任主体为名义借款人，而名义借款人与实际借款人之间又形成独立的法律关系，此种独立法律关系不参与到借款合同关系的权利义务中。另一种观点认为，还款责任主体为实际借款人，或者由名义借款人和实际借款人共同承担还款责任。笔者认为，在认定还款责任主体之前，需要查清楚第三人的意思表示，如果第三人明知出名人与借名人的约定，明知出名人所借款项为借名人使用，可以认定还款责任由借名人承担，如果第三人不知借名借款的真相，其是出于对出名人的信用而愿意与出名人成立借款合同关系，则根据合同相对性原则，应由出名人承担还款责任。

三、法律适用

对于借名借款行为没有专门的法律进行规定，在审判实践中，如果出名人、借名人、出借人三方对于借名借款行为明知，则可以引用《中华人民共和国民法典》第一百四十六条："行为人与相对人以虚假的意思表示实施的民事法律行为无效。以虚假的意思表示隐藏的民事法律行为的效力，依照有关法律规定处理。"该条文从虚假表示和隐藏表示两个方面来对相应法律行为的效力进行界定。虚假表示不是真实的意思表示，隐藏表示才是真实的意思表示。因此，在虚假表示掩盖下的隐藏表示，只要符合相应的法律规定就是合法有效的行为表示。出名人以自己的名义与出借人实施借款行为，实际借款人是借名人，三方对此明知，那么，出名人与出借人的借款行为是虚假表示，其所掩盖的是借名人与出借人借款合同关系的隐藏表示。根据《中华人民共和国民法典》第一百四十六条规定，虚假表示应认定无效，隐藏表示有效，还款责任主体为借名人。

本案中，村镇银行不认可宋某为名义借款人，农牧公司为实际借款人，也没有证据证明村镇银行对此明知，因此，村镇银行与宋某的借款合同行为是真实意思表示，合法有效，宋某应承担还款责任。宋某与农牧公司之间的借名借款的意思表示亦是其双方的真实意思表示，形成独立的法律关系，但不能对抗村镇银行与宋某之间借款合同的权利义务。

编写人：广西壮族自治区博白县人民法院　管青龙

8

合法有效的金融借款合同受法律保护

——农商行诉卢某翔等金融借款合同案

【案件基本信息】

1. 裁判书字号

广西壮族自治区桂林市恭城瑶族自治县人民法院（2020）桂0332民初572号民事判决书

2. 案由：金融借款合同纠纷

3. 当事人

原告：农商行

被告：卢某翔、卢某义、李某

【基本案情】

卢某义与卢某翔系父子关系，卢某翔与李某系夫妻关系。2018年5月29日，卢某翔、李某在需要购买房产但自有资金不足的情况下，向农商行某支行申请抵押借款人民币150万元，并以卢某翔、李某名下房屋作抵押担保。经农商行审批同意，由某支行与卢某翔、李某于2018年6月5日签订《个人借款合同》和《抵押担保合同》。

农商行与卢某翔、李某于2018年6月6日办理了房屋抵押登记手续，权利人为农商行，义务人为卢某翔、李某。2018年6月7日由农商行某支行依合同约定以受托支付方式将贷款150万元通过卢某翔账户划入收款人贾某账户。卢某翔、李某自2019年7月开始不按合同的约定履行还款义务，经农商行多次催收，截至2019年12月27日，卢某翔、李某只归还了本息231888.92元，之后不按合同约定履行还款义务；至2020年7月23日，仍欠农商行贷款本金1361419.79元，利息150476.91元，（此后贷款利息、罚息、复利按合同约定计算至贷款还清之日止），本息合计1511896.7元。农商行催收未果，遂诉至法院。

【案件焦点】

卢某义是否应该承担共同偿还借款的责任。

【法院裁判要旨】

广西壮族自治区恭城瑶族自治县人民法院经审理认为：农商行与卢某翔、李某协商签订《个人借款合同》和《抵押担保合同》，该合同系双方真实意思表示，合法有效，受法律保护，合同双方应当按照合同约定履行各自的义务。合同签订后，农商行依合同约定将贷款转入卢某翔、李某指定账户，履行了发放贷款义务。卢某翔、李某违反合同约定，已连续多期未偿还借款本息，应依合同约定承担违约责任，农商行有权视借款提前到期收回借款本息，行使担保权，故对农商行提前收回贷款本金1361419.79元，要求支付截至2020年7月23日的贷款利息罚息、复利150476.91元，并要求从2020年7月24日起按《个人借款合同》约定的罚息利率计算利息的主张，法院予以支持。卢某翔、李某向农商行贷款，以其所购房产作为抵押物向农商行提供担保，抵押权自登记时设立。在卢某翔、李某不履行债务时，农商行对处置抵押物所得的价款享有优先受偿权。因合同有约定，农商行无须单独主张农商行与卢某翔、李某签订的《个人借款合同》及《抵押担保合同》提前到期。

至于卢某义是否需要承担责任，可从以下几个方面进行确认。首先，卢某义不是借款人，也不是抵押人、保证人；其次，虽然卢某义是户主，但卢某翔、李某购买房产的行为，不是农村承包经营户经营农业生产的活动；最后，卢某义作为一个体工商户经营者，经营范围为水果销售、农副食品加工销售，而卢某翔、李某购买房产的行为，不是个体工商户经营范围的活动，同时农商行也无证据证实卢某义投资该个体工商户或者享用该个体工商户的收益。因此，卢某义不承担共同偿还责任。

综上，广西壮族自治区恭城瑶族自治县人民法院依照《中华人民共和国合同法》第八条、第六十条、第一百零七条、第一百九十八条、第二百零五条、第二百零六条、第二百零七条，《中华人民共和国担保法》第三十三条、第四十一条，《中华人民共和国物权法》第一百七十九条、第一百八十七条规定，判决：

一、卢某翔、李某于本判决生效之日起十五日内偿还农商行借款本金1361419.79元，并支付相应利息（计至2020年7月23日相应借款利息、罚息、复利为150476.91元，从2020年7月24日起相应利息以借款本金1361419.79元为基数，按《个人借款合同》约定逾期罚息利率分段计算至本息还清之日止）；

二、农商行对卢某翔、李某名下用于抵押的房屋依法处分后所得价款，在本案债权范围内享有优先受偿权等。

【法官后语】

金融机构借款合同是指办理贷款业务的金融机构作为贷款人一方，向借款人提供贷款，借款人到期返还借款并支付利息的合同。金融机构借款合同为借款合同的一种，具有有偿性、要式性、诺成性。金融机构借款合同所具有的法律约束力，主要体现为合同双方当事人的权利和义务。

借款人应依据金融机构的要求提供担保，该项义务常发生在借款合同的主要内容生效之前。订立借款合同，借款人应当按照贷款人的要求提供与借款有关的业务活动和财务状况的真实情况。该项如实申报义务也常发生在借款合同的主要义务生效之前。在贷款人按照约定检查、监督借款的使用情况时，借款人应当按照约定向贷款人定期提供有关财务会计报表等资料。该项义务基于约定产生，未作约定的，借款人有权拒绝贷款人对借款使用状况进行检查、监督的请求。借款人应当按照约定的借款用途使用借款，借款人未按照约定的借款用途使用借款的，贷款人可以停止发放借款、提前收回借款或者解除合同。金融机构借款合同作为有偿合同，借款人有义务按照约定的期限支付利息。双方当事人对支付利息的期限没有约定或者约定不明确的，可以协议补充，不能达成补充协议的，按照合同有关条款或者交易习惯确定。依据前述方法仍不能确定的，借款期间不满1年的，应当在返还借款时一并支付；借款期间在1年以上的，应当在每届满1年时支付，剩余期间不满1年的，应当在返还借款时一并支付。利息数额的确定，应当按照中国人民银行规定的贷款利率的上下限确定。借款人应当按照约定的期限返还借款。双方当事人对借款期限没有约定或者约定不明确，可以协议补充，不能达成补充协议的，按照合同有关条款或者交易习惯确定。依据前述方法不能确定的，借款人可以随时返还；贷款人可以催告借款人在合理期限内返还。借款人未按照约定的期限返还借款的，应当按照约定或者国家有关规定支付逾期利息。但借款人在还款期限届满之前向贷款人申请展期，贷款人同意的，可依照新确定的期限返还借款。借款人提前偿还借款的，除非当事人另有约定，借款人有权按照实际借款的期间计算利息。

本案中，农商行与卢某翔、李某协商签订《个人借款合同》和《抵押担保合同》，其各签订主体均符合相关法律所规定的金融贷款的主体资格，为当事人之间的真实意思表示，没有违反相关法律、行政法规的强制性规定，农商行某支行为此已履行了发放贷款义务，合法有效的合同应当受法律保护，对双方当事人均有约束力，因此，双方当事人均应遵守各自合同约定的内容，全面履行各自的义务。农商行按约定向卢某翔、李某提供了贷款，卢某翔、李某应按约定归还借款并支付利息，但其在借款期满后，没有按约定归还借款本金及支付相应利息，已违反合同约定，需要承担相应违约责任，故农商行要求卢某翔、李某承担归还借款及支付所欠利息符合法律规定，应当予以支持。

编写人：广西壮族自治区桂林市恭城瑶族自治县人民法院　李世朋

9

夫妻关系存续期间共同债务的认定

——某银行诉张某、周某金融借款合同案

【案件基本信息】

1. 裁判书字号

北京市西城区人民法院（2020）京0102民初15701号民事判决书

2. 案由：金融借款合同纠纷

3. 当事人

原告：某银行

被告：张某、周某

【基本案情】

周某与张某原系夫妻关系，于2010年3月23日登记结婚，2017年10月10日协议离婚。2016年7月19日，某银行与张某签订了《个人消贷易授信额度及支用借款合同》，共同还款人处有"周某"字样的签字。2016年7月21日至2017年7月11日，张某通过消贷易卡消费分别形成42笔贷款，贷款期限均为5年。2018年1月10日起，张某未按合同约定偿还贷款。截至2020年5月7日，张某尚欠借款本金908797.21元，利息、罚息、复利205594.35元。

周某提供司法鉴定中心出具的《文书鉴定意见书》以及中国银行保险监督管理委员会北京监管局办公室出具的《关于对周某反映问题回复的函》。鉴定意见书载明，《个人消贷易授信额度及支用借款合同》以及《某银行个人贷款申请表》上"周某"签名笔迹与样本中周某签名笔迹不是同一人书写。回复函载明，某银行并未亲见周某本人作为共同还款人在相关文件上签字，未对贷款相关材料的真实性及共同还款人情况进行深入审核，未通过有效方式核查贷款

支付是否符合约定用途，违反了《个人贷款管理暂行办法》（中国银监会令2010年第2号）第十三条、第三十四条的相关规定。某银行、张某对上述两份证据的真实性均不持异议。

【案件焦点】

周某未在《个人消贷易授信额度及支用借款合同》上签字，是否应承担共同还款责任。

【法院裁判要旨】

北京市西城区人民法院经审理认为：《最高人民法院关于审理涉及夫妻债务纠纷案件适用法律有关问题的解释》第三条规定，夫妻一方在婚姻关系存续期间以个人名义超出家庭日常生活需要所负的债务，债权人以属于夫妻共同债务为由主张权利的，人民法院不予支持，但债权人能够证明该债务用于夫妻共同生活、共同生产经营或者基于夫妻双方共同意思表示的除外。案涉《个人消贷易授信额度及支用借款合同》上周某的签字并非本人所签，周某亦称其对借款事宜并不知晓，故上述借款合同应视为张某以个人名义与某银行所签订。该借款合同所涉借款金额远超家庭日常生活所需，某银行主张上述借款属于周某与张某的夫妻共同债务，应举证证明该债务用于夫妻共同生活、共同生产经营或者基于夫妻双方共同意思表示。某银行并未提供证据证明，故应承担举证不能的法律责任，其诉请判令周某承担共同还款责任，缺乏事实及法律依据，不予支持。

某银行与张某签订的借款合同，系双方当事人的真实意思表示，且未违反法律、行政法规的强制性规定，应为合法有效，各方均应按照约定履行相关义务。某银行依约发放贷款后，张某未按时足额清偿借款本息，其行为已构成违约，某银行根据合同约定要求张某偿还借款本金，并清偿相应利息、复利、罚息的诉讼请求，符合法律规定及合同约定，予以支持。关于某银行要求张某承担某银行已经实际支付的律师费的诉讼请求，符合双方所签合同约定，予以支持。

综上，北京市西城区人民法院依照《中华人民共和国合同法》第六十条第一款、第一百零七条、第一百九十六条、第二百零六条、第二百零七条，《中华人民共和国民事诉讼法》第六十四条第一款，《最高人民法院关于审理涉及夫妻债务纠纷案件适用法律有关问题的解释》第三条，《最高人民法院关于适用〈中华人民共和国民事诉讼法〉的解释》第九十条规定，判决：

一、张某于本判决生效后十日内偿还某银行贷款本金 908797.21 元及截至 2020 年 5 月 7 日的利息、罚息、复利 205594.35 元，并按照《个人消贷易授信额度及支用借款合同》约定的标准支付自 2020 年 5 月 8 日起至实际清偿之日止的利息、罚息、复利；

二、张某于本判决生效后十日内支付某银行律师费 19060 元；

三、驳回某银行的其他诉讼请求。

【法官后语】

本案争议的焦点在于夫妻共同债务的认定问题。在现有的法律体系和语境下，所谓“夫妻共同债务”，应当指夫妻作为共同债务人，以全部财产对该类债务承担连带责任。夫妻共同债务包括以下特征：1. 从时间上看，夫妻共同债务一般发生在夫妻关系存续期间，即从夫妻双方结婚之日至双方离婚之日的期间内。但是如果一方在婚前举债是为了今后的婚姻生活所用，也应认定为夫妻共同债务。2. 从发生原因看，夫妻共同债务的形成一般包括生活性债务和经营性债务两大类。生活性债务主要是夫妻双方为了维持家庭生活的需要所负的债务，如为共同生活、养育子女、赡养老人等；经营性债务是夫妻双方从事的为了增值共同财产的经营性活动形成的债务。3. 从债务性质看，夫妻财产关系除非有特别约定，是一种共同共有关系，从而决定了夫妻共同债务为连带责任，夫妻任何一方都负有对共同债务的全部给付义务。4. 从时间效力看，夫妻共同债务不因双方解除婚姻关系、一方死亡或者离婚时对共同财产作出约定而免除。可见，债务一旦被认定为夫妻共同债务，双方均负有全部清偿义务，即使双方解除了婚姻关系，在债务全部清偿前，也不能免除非举债方的偿还义务。

《中华人民共和国民法典》第一千零六十四条以及第一千零八十九条对夫

妻共同债务认定的一般规则及离婚时的清偿原则作出明确规定。其中，第一千零六十四条为解决实践中争议较大的夫妻共同债务问题提供了明确的法律依据，体现了平等保护债权人利益和夫妻双方利益，兼顾维护交易安全与婚姻家庭稳定的理念。

《中华人民共和国民法典》关于夫妻共同债务的认定规则主要分为三个层次：一是基于夫妻共同意思表示所负的债务；二是为家庭日常生活需要所负的债务；三是超出家庭日常生活需要所负的债务且债权人能证明该债务用于夫妻共同生活、共同生产经营或者基于夫妻双方共同意思表示。下面分别从司法适用方面加以说明：

1. 以夫妻双方共同签名或者未签名的一方事后追认等共同意思表示等方式所负的债务，即所谓“共债共签”制度。

夫妻双方共同签名的情形比较容易认定，而诉讼实践中的“事后追认”则存在多种形式，既包括明示追认也包括默示推定追认。明示追认一般是指非举债方在债务形成后，通过信件、电话、微信或者邮件等直接表达的方式确认该债务。默示推定追认是指通过非举债方事后的行为，推定其对于另一方的举债具有共同的意思表示。默示推定追认一般包括以下情形：一是共同偿还本金或利息；二是非举债方以提供账户等方式接受所借的款项；三是非举债方在离婚协议中确认该笔债务为夫妻共同债务；四是夫妻一方举债，另一方提供担保的。

2. 夫妻一方以个人名义为家庭日常生活需要所负的债务。

日常家事代理是认定上述情形下所负债务为夫妻共同债务的根据。此类债务主要是日常家事代理范畴所负的债务，为夫妻共同生活过程中产生，以婚姻关系为基础，一般包括正常的吃穿用度、子女抚养教育、老人赡养、家庭成员的医疗费、购买电器、装修支出等，是最典型的夫妻共同债务，夫妻双方应当共同承担连带清偿责任。

3. 夫妻一方在婚姻关系存续期间以个人名义超出家庭日常生活需要所负的债务，不属于夫妻共同债务，但债权人能证明该债务用于夫妻共同生活、共同生产经营或者基于夫妻双方共同意思表示的除外。

婚姻关系存续期间，夫妻除因行使日常家事代理权形成日常家事代理债务外，还会与第三人形成其他债权债务关系，如大额借贷、赠与、不动产买卖等。为保护未举债的配偶一方合法权益，法律明确规定此种情形下所负债务原则上不属于夫妻共同债务。将举证责任科以债权人，以倒逼债权人在建立债权债务关系时尽到审慎的注意义务，也能够最大限度避免夫妻一方与债权人恶意串通损害另一方合法权益的情形。

本案中，作为借款依据的《个人消贷易授信额度及支用借款合同》上虽有周某的签名，但在借款使用人张某认可系其代签，周某不知情，且鉴定结论认定该合同上的签名与周某笔迹不一致的情况下，上述借款实际上系张某单方向某银行所借款项。在借款金额明显超过家庭日常生活需要的情况下，某银行应履行证明上述借款用于夫妻共同生活、共同生产经营的举证责任，在其举证不能的情况下，根据证据规则，应由某银行承担相应的法律后果，故判决认定该债务为张某个人债务，驳回某银行要求周某就张某的上述债务承担共同还款责任的诉求。

编写人：北京市西城区人民法院　李彦周

10

为公司实际控制人控制的其他企业提供担保应属关联担保

——咨询公司诉传媒公司等保理合同案

【案件基本信息】

1. 裁判书字号

上海金融法院（2020）沪 74 民终 289 号民事判决书

2. 案由：保理合同纠纷

3. 当事人

原告（被上诉人）：咨询公司

被告（上诉人）：传媒公司

被告：信息技术公司、赖某

【基本案情】

2018 年 10 月 29 日，咨询公司（甲方、应收账款受让方）与信息技术公司（乙方、应收账款转让方）、传媒公司（丙 1、担保人 1）、赖某（丙 2、担保人 2）签订了《商业保理合同》。该合同主要约定，乙方将其对商务合同买方享有的尚未到期的应收账款债权转让给甲方，甲方向乙方支付本合同约定的受让价款受让该债权。甲方同意为乙方提供“有追索权循环额度隐蔽国内保理服务”，丙方同意为乙方在本合同项下应承担的义务承担无限连带保证责任。其中第五章担保事宜第十四条载明：“丙方系乙方实际控制人，若乙、丙方情况变化可能影响甲方，丙方应及时通知甲方。”据传媒公司 2017 年年度报告显示，传媒公司的最终控制方是赖某。

同日，传媒公司、赖某分别向咨询公司出具《担保函》，承诺对应收账款转让方履行《商业保理合同》义务承担无限连带担保责任。传媒公司向咨询公司提供了一份董事会决议，该决议载明：同意对咨询公司与信息技术公司订立的《商业保理合同》项下针对信息技术公司需向咨询公司支付的所有应收账款回购款，已到期、未到期资金占用费，逾期违约金及咨询公司为实现其上述权益发生的所有费用承担无限连带保证责任。传媒公司 5 名董事会成员在该决议上签名确认。

上述合同签订后，咨询公司向信息技术公司支付了 5500 万元的保理融资款。

【案件焦点】

传媒公司签署的《担保函》是否有效，传媒公司是否应当承担相应的民事责任。

【法院裁判要旨】

上海市嘉定区人民法院经审理认为：根据现有公示的工商信息，传媒公司与信息技术公司并不存在关联关系。因此，根据《中华人民共和国公司法》第十六条、传媒公司章程第一百一十条之规定，传媒公司对外担保事项经出席董事会会议的三分之二以上董事同意即可。现传媒公司 9 名董事会成员中已有出席会议的 5 名董事会成员在董事会决议上签名，符合传媒公司章程规定。因此，《担保函》合法有效。咨询公司以该决议证明其在订立《商业保理合同》《商业保理合同之补充协议》时已尽到了审查义务，传媒公司应承担担保责任。综上，判决传媒公司、赖某对信息技术公司的付款义务承担连带保证责任。

据此，上海市嘉定区人民法院依照《中华人民共和国合同法》第六十条第一款、第一百零七条、第一百一十四条第一款，《中华人民共和国担保法》第十八条、第二十一条、第三十一条，《中华人民共和国民事诉讼法》第一百四十四条规定，判决：

一、信息技术公司应于判决生效之日起十日内返还咨询公司融资本金 5500 万元并偿付资金占用费 1542465.75 元，合计 56542465.75 元；

二、信息技术公司应于判决生效之日起十日内偿付咨询公司以56542465.75元为基数，自2019年2月6日起至实际清偿之日止，按日利率万分之五计算的逾期付款违约金；

三、信息技术公司应于判决生效之日起十日内偿付咨询公司律师费30万元；

四、信息技术公司应于判决生效之日起十日内偿付咨询公司诉讼保全保险费45040元；

五、传媒公司、赖某对信息技术公司的上述一至四项付款义务承担连带保证责任，传媒公司、赖某履行了保证责任后，有权向信息技术公司追偿。

传媒公司不服一审判决，提起上诉。

上海金融法院经审理认为：传媒公司签署的《担保函》是否有效，需要从该担保事项是否属于关联担保，咨询公司接受《担保函》时是否属善意两个方面考虑。

第一，关于本案担保是否属于关联担保的问题。根据《中华人民共和国公司法》第十六条规定，公司为股东、实际控制人提供担保的，需要股东会或股东大会决议通过。本案中，据传媒公司年度报告显示，传媒公司的实际控制人为赖某，据《商业保理合同》载明，各方均确认，丙方（传媒公司及赖某）为信息技术公司的实际控制人。由此可知，赖某实际控制了传媒公司与信息技术公司，故案涉担保是传媒公司为其实际控制人赖某所控制的另一家公司提供担保。根据上述法条的立法目的和精神，应认定本案担保亦属法律规定的“公司为公司股东或者实际控制人提供担保的，必须经股东会或股东大会决议”的关联担保情形。传媒公司法定代表人未经公司股东大会决议通过，擅自签署《担保函》，属于公司法定代表人超越权限订立合同的行为。

第二，咨询公司在接受《担保函》时是否为善意相对人的问题。咨询公司是《商业保理合同》的签约当事人，该合同明确载明，丙方（传媒公司及赖某）为债务人信息技术公司的实际控制人。因此，咨询公司对债务人及担保人之间的股权或控制关系应属明知，也应当意识到传媒公司提供本案担保可能系受其实际控制人赖某的控制，更应对传媒公司的内部有效决议做审慎审查。上市公司作为公众公司，其公司章程、重大经营信息等均依法公开，其关联担保等重大经营行为还受证券监管部门诸多规章或规范性文件的约束，相对人可以通过很低的交易成本了解到上市公司法定代表人的权限以及公司股东大会的重大决议事项，咨询公司作为金融机构，对此更具备专业的审查能力。咨询公司未提供有效的证据证明其对《担保函》经过传媒公司股东大会决议进行了审查，未尽到应尽的注意义务，不属于善意相对人。

综上，上海金融法院依照《中华人民共和国公司法》第十六条，《中华人民共和国合同法》第五十条，《最高人民法院关于适用〈中华人民共和国担保法〉若干问题的解释》第七条、第四十二条，《中华人民共和国民事诉讼法》第一百七十条第一款第二项规定，判决：

一、维持上海市嘉定区人民法院民事判决第一项至第四项；

二、变更上海市嘉定区人民法院民事判决第五项为：传媒公司对信息技术公司的上述第一项至第四项付款义务不能清偿部分的二分之一承担赔偿责任，传媒公司承担赔偿责任后，可以向信息技术公司追偿；

三、驳回传媒公司的其余上诉请求。

【法官后语】

一、为公司实际控制人控制的其他企业提供担保应属关联担保

《中华人民共和国公司法》第十六条第二款规定，公司为公司股东或者实际控制人提供担保的，必须经股东会或股东大会决议。这一规定的立法精神在于避免大股东或实际控制人为了自身利益操纵公司，进行利益输送，损害公司利益和广大中小股东利益。《中华人民共和国公司法》第十六条第三款更是进一步规定了公司关联担保中相关股东或实际控制人的回避表决制度，体现了重视中小股东利益保护的精神。

但是，为实际控制人控制的其他企业提供担保，是否属于关联担保，对此，最高人民法院认为“如果公司不是为股东或者实际控制人提供担保，而是为股东或者实际控制人所控制的公司提供担保，根据《中华人民共和国公司法》第

十六条的立法目的，应理解为关联担保为宜，否则就无法避免大股东或者实际控制人通过公司担保损害中小股东的利益”。[①] 笔者赞成这一观点，主要理由如下：

第一，符合《中华人民共和国公司法》保护中小股东利益的立法精神。如果认为《中华人民共和国公司法》第十六条第二款所规定的关联担保不包括为公司实际控制人控制的其他公司提供担保，则该担保事项仅需公司董事会决议即可通过。考虑到实际控制人对公司董事会具有相当影响力，如此解释相当于允许公司实际控制人通过设立空壳公司后，再让公司为该空壳公司提供担保的方式，向实际控制人本人或其他主体进行利益输送，损害中小股东权益，与该条款的立法初衷背离。

第二，实际控制人控制的其他公司与提供担保的公司之间存在客观关联性。实际控制人控制的其他公司、提供担保的公司背后的主体均是实际控制人，二者在穿透多层股权结构和复杂的协议安排后已经通过实际控制人具备了关联关系，而且该关联关系完全处于实际控制人的控制之中。如果公司为实际控制人控制的其他公司提供担保，不被认为是关联担保，既可能对中小股东利益造成损害，也不利于对债权人的保护。

第三，有利于统一裁判尺度。对此问题，当前我国并无法律或司法解释作出明确规定。为避免审判实务中出现“同案不同判”的情形，有必要明确公司为实际控制人控制的其他公司提供担保的，属于关联担保，须经股东会或股东大会决议通过。如此，有利于统一人民法院裁判尺度，保护中小股东利益，为优化我国营商环境做出审判贡献。

二、接受担保方需审查上市公司公告方能认定为“善意”

关于接受担保方是否属于善意的认定问题。《最高人民法院关于适用〈中华人民共和国民法典〉有关担保制度的解释》第七条第三款规定：“第一款所称善意，是指相对人在订立担保合同时不知道且不应当知道法定代表人超越权

---

① 最高人民法院民事审判第二庭：《最高人民法院民法典担保制度司法解释理解与适用》，人民法院出版社2021年版。

限。相对人有证据证明已对公司决议进行了合理审查，人民法院应当认定其构成善意，但是公司有证据证明相对人知道或者应当知道决议系伪造、变造的除外。"

本案中，系争《商业保理合同》中明确载明了丙方（传媒公司及赖某）为债务人信息技术公司的实际控制人。咨询公司作为金融机构，具备专业的审查能力，在对债务人信息技术公司及担保人传媒公司之间的股权或控制关系应属明知的情况下，更应对公司决议进行合理、审慎审查。且传媒公司作为上市公司，其重大经营事项均需对外公告。如果相对人未根据上市公司公开披露的关于担保事项已经董事会或者股东大会决议通过的信息，与上市公司订立担保合同，相关担保合同不对上市公司发生效力且上市公司不承担担保责任或赔偿责任。因咨询公司未提供有效的证据证明其对《担保函》经过传媒公司股东大会决议进行了审查，未尽到应尽的注意义务，故不属于善意相对人。

编写人：最高人民法院司法案例研究院与复旦大学联合培养实习生　宋志鹏

11

未经股东会决议，持有公司三分之二以上表决权的股东签字同意的担保合同对公司发生效力

——谷某诉投资管理公司等民间借贷案

【案件基本信息】

1. 裁判书字号

上海市第一中级人民法院（2021）沪01民终2683号民事判决书

2. 案由：民间借贷纠纷

3. 当事人

原告（上诉人）：谷某

被告（上诉人）：汪某、蔡某

被告（被上诉人）：投资管理公司、甲律师事务所等4家律师事务所、孙某等14人

【基本案情】

2016年10月18日，郭某、甲律师事务所、投资管理公司签订《借款合同书》，约定由郭某向甲律师事务所出借人民币600万元，借款期限为3年，由投资管理公司对借款承担连带担保责任。合同签章处有投资管理公司的签章和其法定代表人孙某的签名。

2018年8月23日，郭某、甲律师事务所、投资管理公司签订《补充协议》，再次明确由投资管理公司对还款承担连带担保责任，孙某在协议上签名。另，投资管理公司为有限责任公司，股东孙某、史某分别持股60%、40%，孙某为法定代表人。2018年6月12日，孙某持股比例变更为99.9%，史某持股比例变更为0.01%。

2018年10月10日郭某去世，谷某系郭某的女儿。

【案件焦点】

未经公司股东会决议，持有公司三分之二以上表决权的股东签字同意的担保合同对公司是否发生效力。

【法院裁判要旨】

上海市浦东新区人民法院经审理认为：关于合同的性质。经查，郭某、甲律师事务所与投资管理公司签订的《借款合同书》对借款的金额、用途、期限、利息、违约责任等有明确的约定，且甲律师事务所按约定定期转账支付给郭某的钱款，在备注中明确写明为归还借款利息，故确认本案为民间借贷纠纷。

关于责任主体。首先，甲律师事务所是借款合同的借款人，且实际收到了郭某转账的600万元，在郭某按照合同约定履行付款义务后，甲律师事务所理应承担到期还本付息的义务。甲律师事务所为普通合伙企业，孙某、汪某、蔡

某为合伙人，且三人均在《借款合同》上签名，在甲律师事务所无法承担清偿责任时，应承担无限连带责任。其次，经查，投资管理公司系有限责任公司，孙某系投资管理公司的法定代表人和股东，在投资管理公司为孙某担任主任的甲律师事务所的借款进行担保时，按规定必须经投资管理公司股东会决议，未经股东会决议的，构成越权代表。本案中，谷某未能提供证据证明郭某在订立合同时对股东会决议进行了审查，故郭某在明知孙某超越权限的情况下，仍与其订立担保合同，担保应属无效。故谷某要求投资管理公司承担连带担保责任的诉请，法院不予支持。

据此，上海市浦东新区人民法院依照《中华人民共和国合同法》第一百九十六条、第二百零六条、第二百一十条、第二百一十一条，《中华人民共和国公司法》第十六条，《中华人民共和国律师法》第十五条第二款，《中华人民共和国合伙企业法》第二条第二款、第三十一条、第三十八条、第三十九条，《最高人民法院关于审理民间借贷案件适用法律若干问题的规定》第九条，《中华人民共和国民事诉讼法》第一百四十四条规定，判决：

一、甲律师事务所于判决生效之日起十五日内归还谷某借款本金600万元；

二、甲律师事务所于判决生效之日起十五日内支付谷某自2018年5月1日起至实际支付之日止，以600万元为基数，按照年利率24%计算的利息；

三、甲律师事务所于判决生效之日起十五日内支付谷某为实现债权而支出的费用30万元；

四、若甲律师事务所不能清偿上述第一项至第三项债务，则孙某、汪某、蔡某对上述第一项至第三项债务承担无限连带责任；

五、驳回谷某其余诉讼请求。

谷某、汪某、蔡某不服一审判决，提起上诉。

上海市第一中级人民法院经审理认为：投资管理公司在《借款合同书》上加盖公章，孙某作为投资管理公司的法定代表人亦在合同上签字。但现有证据并未显示郭某在合同订立时曾就投资管理公司的股东会决议进行过审查。法院二审中调取的投资管理公司工商档案中显示，2016年10月18日《借款合同书》签订时，孙某的持股比例为 40%，但至 2018 年 8 月 23 日补充协议签订时，孙某在投资管理公司的持股比例已变更为 99.99%。尽管郭某在签订《借款合同书》和补充协议时未审查投资管理公司的股东会决议，但孙某于 2018 年 8 月 23 日代表投资管理公司再次作出承担连带担保责任的意思表示时，其已经享有公司三分之二以上表决权。应该认为，投资管理公司对债务承担连带担保责任的意思表示真实，其担保应属有效，其应承担本案《借款合同书》项下的连带还款责任。一审对此认定有误，依法予以纠正。

据此，上海市第一中级人民法院依照《中华人民共和国涉外民事关系法律适用法》第三十一条，《中华人民共和国民事诉讼法》第一百七十条第一款规定，判决：

一、维持上海市浦东新区人民法院民事判决第一至四项；

二、撤销上海市浦东新区人民法院民事判决第五项；

三、投资管理公司对甲律师事务所在本案项下应向谷某支付的款项承担连带还款责任；

四、驳回谷某的其余诉讼请求。

【法官后语】

一方面，公司为他人提供担保可能给公司财产带来较大的风险。根据《中华人民共和国公司法》第十六条第一款的规定，公司向其他企业投资或者为他人提供担保，依照公司章程的规定，由董事会或者股东会、股东大会决议。由此，将担保事务交由公司自主决定，以公司章程的制约或公司权力机构的决议来保障公司利益。同时，根据《中华人民共和国民法典》第六十一条和第五百零四条的规定，法人章程或者法人权力机构对法定代表人代表权的限制，不得对抗善意相对人。法人的法定代表人或者非法人组织的负责人超越权限订立的合同，除相对人知道或者应当知道其超越权限的以外，该代表行为有效，订立的合同对法人或者非法人组织发生效力。针对公司法定代表人的越权担保行为，法律规定将相对人的善意与否作为衡量担保合同的效力的标准，以确保公司担保符合公司的真实意思，防止法定代表人损害公司利益。

另一方面，由于目前公司治理不规范，法定代表人越权担保的情形普遍存在，保护公司利益的同时，债权人的合法权益理应得到重视。根据《最高人民法院关于适用〈中华人民共和国民法典〉有关担保制度的解释》第八条第一款规定：“有下列情形之一，公司以其未依照公司法关于公司对外担保的规定作出决议为由主张不承担担保责任的，人民法院不予支持：（一）金融机构开立保函或者担保公司提供担保；（二）公司为其全资子公司开展经营活动提供担保；（三）担保合同系由单独或者共同持有公司三分之二以上对担保事项有表决权的股东签字同意。”对于公司法定代表人所签字同意的担保合同，如果足以表明符合公司利益，可以认定公司具有对外提供担保的真实意思表示。在担保合同系由单独或者共同持有公司三分之二以上对担保事项有表决权的股东签字同意的情形下，体现大股东对公司的绝对控制权，以及资本多数决与风险担当的一致性，相对人有理由相信该行为符合股东会决议的结果，系公司的真实意思表示，因而无苛求相对人审查义务之必要。如果仅因公司就公司对外担保没有作出决议而否认担保合同的效力，不仅会扰乱现有稳定的公司交易关系，也容易滋长公司恶意逃避担责的道德风险。

因此，公司虽未就公司对外担保作出决议，但担保合同系由单独或者共同持有公司三分之二以上对担保事项有表决权的股东签字同意的情况下，公司仍应承担担保责任。

编写人：上海市第一中级人民法院　庞闻淙　杨莹

12

以订立买卖合同作为民间借贷担保如何处理

——李某锁诉申某平等民间借贷案

【案件基本信息】

1. 裁判书字号

河南省安阳市中级人民法院（2020）豫05民终1732号民事判决书

2. 案由：民间借贷纠纷

3. 当事人

原告（上诉人）：李某锁

被告（被上诉人）：申某平、程某香、程某青

【基本案情】

2015年3月至2016年2月，程某香分四笔向李某锁借款共计80万元。其中，2015年3月17日，借款两笔金额分别为10万元和20万元，由程某香、程某青共同签名向李某锁出具借条，2015年5月10日，借款一笔30万元，由程某香签名出具借条，该三笔借款，口头约定利息为月息3分，借款时李某锁预先扣除了3个月的利息，之后程某香又偿还3个月的利息；2016年2月23日，由程某香向李某锁出具借条一张，借款20万元，未约定利息。程某香向李某锁借款时，程某香与程某青系夫妻关系，申某平以其房产为上述借款提供担保，申某平向李某锁出具房产买卖合同和房款收据并交付钥匙，李某锁未实际占有使用该房屋，没有办理房屋过户登记，也未进行抵押登记。

【案件焦点】

涉案房产买卖合同的性质、效力认定及如何处理。

【法院裁判要旨】

河南省林州市人民法院经审理认为：程某香向李某锁借款四笔，双方之间形成民间借贷关系。李某锁在借款时预先扣除利息，应按照实际借款数额返还借款本金并计算利息。利息应按月息2分计算。程某香、程某青在前两笔借款借据上共同签名，应承担共同还款责任。另外两笔借款的借据上程某青未签字，李某锁也未提供证据证明该借款用于夫妻共同生活或经营，故程某青不应承担责任。李某锁与申某平之间的基础法律关系是民间借贷关系，申某平给李某锁出具的房产买卖合同，是对借款的抵押担保，因房产抵押并未进行登记，抵押权未设立，故李某锁诉请申某平在相应的房产价值范围内履行担保责任，证据不足，法院不予支持。

河南省林州市人民法院依照《中华人民共和国合同法》第一百零七条、第一百九十六条、第二百条、第二百零五条、第二百一十条，《最高人民法院关于审理民间借贷案件适用法律若干问题的规定》第二十六条，《中华人民共和国民事诉讼法》第六十四条规定，判决：

一、程某香、程某青于本判决生效后十日内偿还李某锁借款273000元及利息（利息自2015年6月17日起计算至还清之日止，按月息2分计算）；

二、程某香于本判决生效后十日内偿还李某锁借款273000元及利息（利息自2015年8月10日起计算至还清之日止，按月息2分计算）；

三、程某香于本判决生效后十日内偿还李某锁借款20万元；

四、驳回李某锁的其他诉求。

李某锁不服一审判决，提起上诉。

河南省安阳市中级人民法院经审理认为：程某香向李某锁借款四笔并出具借据，双方对借款事实、预先扣除利息及偿还部分利息均无异议，程某香应按照实际借款偿还本金及利息。后两笔借款的借条虽无程某青的签字，但借款发生在程某青与程某香夫妻婚姻关系存续期间，且用于双方在外承建工程，属于夫妻共同债务，双方应共同承担还款责任。2016 年 2 月 23 日借款 20 万元，未约定利息及借款期限，应自起诉之日即 2019 年 3 月 13 日起至借款清偿完毕之日止，按年利率 6%计算资金占用期间的利息。《最高人民法院关于审理民间借贷案件适用法律若干问题的规定》第二十四条规定，当事人以签订买卖合同作为民间借贷合同的担保，人民法院按照民间借贷法律关系审理作出的判决生效后，借款人不履行生效判决确定的金钱债务，出借人可以申请拍卖买卖合同标的物，以偿还债务。就拍卖所得的价款与应偿还借款本息之间的差额，借款人或者出借人有权主张返还或补偿。程某香、程某青向李某锁借款并出具借据，李某锁与申某平签订房产买卖合同，名为买卖实为借贷提供担保，双方形成让与担保法律关系。申某平应当以提供担保的房产价值为限承担责任，在借款人不能清偿债务时，李某锁可申请拍卖该房产买卖合同标的物，以偿还本案债务。综上，李某锁上诉请求理由部分成立，予以支持。

河南省安阳市中级人民法院依照《中华人民共和国合同法》第一百零七条、第一百九十六条、第二百条、第二百零五条、第二百一十条，《最高人民法院关于审理民间借贷案件适用法律若干问题的规定》第二十四条、第二十六条、第二十九条，《中华人民共和国民事诉讼法》第六十四条第一款、第一百七十条第一款第二项规定，判决：

一、撤销河南省林州市人民法院民事判决；

二、程某香、程某青于判决生效后十日内偿还李某锁借款 273000 元及利息（自 2015 年 6 月 17 日起至借款清偿完毕之日止按月息 2 分计算）；

三、程某香、程某青于判决生效后十日内偿还李某锁借款 273000 元及利息（自 2015 年 8 月 10 日起至借款清偿完毕之日止按月息 2 分计算）；

四、程某香、程某青于判决生效后十日内偿还李某锁借款 20 万元及利息（自 2019 年 3 月 13 日起至借款清偿完毕之日止按年利率 6%计算）；

五、程某香、程某青不履行本判决第二项至第四项所确定的债务时，李某锁可申请拍卖申某平的房产，以偿还上述债务；

六、驳回李某锁的其他诉讼请求。

【法官后语】

本案争议焦点为涉案房产买卖合同的性质、效力如何认定及如何处理。一审判决认定因房产抵押并未进行登记，抵押权未设立，而二审认定为双方签订的房产买卖合同系名为买卖实为借贷提供担保，双方形成让与担保法律关系。该认定差异在司法实务中具有一定的代表性。在《中华人民共和国民法典》颁布之前，让与担保一直没有被纳入担保体系，但已在理论和实务界得到广泛认可。司法实践中首次明确定义并承认让与担保法律效力的是2019年11月14日最高人民法院发布的《全国法院民商事审判工作会议纪要》（以下简称《九民会议纪要》），第七十一条规定："债务人或者第三人与债权人订立合同，约定将财产形式上转让至债权人名下，债务人到期清偿债务，债权人将该财产返还给债务人或第三人，债务人到期没有清偿债务，债权人可以对财产拍卖、变卖、折价偿还债权的，人民法院应当认定合同有效。合同如果约定债务人到期没有清偿债务，财产归债权人所有的，人民法院应当认定该部分约定无效，但不影响合同其他部分的效力。当事人根据上述合同约定，已经完成财产权利变动的公示方式转让至债权人名下，债务人到期没有清偿债务，债权人请求确认财产归其所有的，人民法院不予支持，但债权人请求参照法律关于担保物权的规定对财产拍卖、变卖、折价优先偿还其债权的，人民法院依法予以支持。债务人因到期没有清偿债务，请求对该财产拍卖、变卖、折价偿还所欠债权人合同项下债务的，人民法院亦应依法予以支持。"虽然《九民会议纪要》并非司法解释，不能作为法律依据引用，但是其为法院审理案件提供了指引。《九民会议纪要》第六十六条规定："当事人订立的具有担保功能的合同，不存在法定无效情形的，应当认定有效。虽然合同约定的权利义务关系不属于物权法规定的典型担保类型，但是其担保功能应予肯定。"《中华人民共和国民法典》对动产和权利担保制度进行了"实质大修"，第三百八十八条第一款规定："设立担保物权，应当依照本法和其他法律的规定订立担保合同。担保合同包括抵押合同、质押合同和其他具有担保功能的合同……"据此，抵押合同、质押合同作为设立典型担保的合同，属于物权合同；该款同时在法律上确立了"具有担保功能的合同”的概念，所指向的是《中华人民共和国民法典》合同编规定的能够发挥担保作用的债权合同。从体系解释的角度，第三百八十八条位于物权编，所以，该条款搭建了物权编与合同编的联系。2021年1月1日施行的《最高人民法院关于适用〈中华人民共和国民法典〉有关担保制度的解释》明确将所有权保留买卖、融资租赁、保理、让与担保等合同纳入“具有担保功能的合同”的范畴，“具有担保功能的合同”是物权合同，让与担保合同被纳入“具有担保功能的合同”，即应认为将让与担保纳入担保物权体系。《最高人民法院关于适用〈中华人民共和国民法典〉有关担保制度的解释》第六十八条对让与担保的认定及权利实现作出了详细规定。但在司法实践中，就让与担保的识别、效力认定以及权利实现程序尚存争议。

一、让与担保的内涵和识别

让与担保，是指债务人或者第三人为担保债务的履行，将标的物转移给他人，债务不履行时，他人可就标的物受偿的一种非典型担保。不同于典型担保中当事人对担保方式与责任范围的明确表达，让与担保从形式上通常表现为财产转让，与买卖合同极易混淆，对二者进行性质上的区分是必要的。①

《最高人民法院关于适用〈中华人民共和国民法典〉有关担保制度的解释》第六十八条规定了“买卖转移标的物”和“本金加溢价款回购”两种具体表现形式，前者是指债务人不履行到期债务时，债权人有权对财产折价或者以拍卖、变卖该财产所得价款偿还债务的；后者是指财产转移至债权人名下的一定期间后再由债务人或者其指定的第三人以交易本金加上溢价款回购担保债权实现。对让与担保合同的识别，以商品房买卖合同为例，从目的来说，商品房买卖合同系以取得商品房所有权为目的，让与担保是以保障还款为目的；从金额来说，商品房买卖合同所约定的价款为房屋售价，以让与担保为目的的商品房买卖合同所约定的价款通常为借款本金（或借款本息）；从合同权利义务上来说，商品房买卖合同买受人的权利为请求出卖人交付房屋、办理产权变更登记，让与

① 最高人民法院民事审判第二庭：《最高人民法院民法典担保制度司法解释理解与适用》，人民法院出版社2021年版。

担保合同出借人的权利为在借款人未按期偿还借款时以房屋价值清算受偿；从房屋是否交付使用来说，商品房买卖合同买受人以占有使用房屋为常态，让与担保合同借款人通常不实际占有使用房屋；从合同履行形态来说，商品房买卖合同一般以房屋办理产权登记为履行完毕，让与担保合同一般以借款清偿完毕为合同终止的表现形式。因此，应结合合同目的、合同内容、合同履行情况等来识别是买卖合同还是让与担保，其中，订立合同的目的是判断双方法律关系性质的关键。

本案中，李某锁与申某平签订房产买卖合同，从时间来看，买卖关系的成立与李某锁向程某香提供借款的时间一致；从金额来看，房屋售价与借款本息基本一致；从合同履行来看，申某平向李某锁出具房款收据并交付钥匙，但李某锁并未向申某平交付房款，也未实际占有使用该房屋、没有办理房屋过户登记。结合借据、房产买卖合同等证据综合分析，不能证明双方具有通过商品房买卖取得房屋所有权的目的，以买卖担保债权才是双方当事人的真实目的。

二、让与担保的效力认定

（一）关于让与担保效力认定的不同观点

在民间借贷的实践中，当事人通过签订房产买卖合同担保债权实现比较常见。针对此类让与担保的效力问题，司法实务中大致有三种观点：

第一种观点，认定“名为买卖，实为借贷之担保”，否定买卖合同的效力。买卖合同系通谋虚伪行为，隐藏的是让与担保行为。合同中存在“债务人不履行到期债务的，财产归债权人所有”“回购价格与担保物价值相当”等约定，应认定为“流押（质）条款”。上述担保因存在“流押（质）条款”，违背物权法定原则导致担保无效。

部分观点遵循严格物权法定，虽然肯定房产买卖合同只是对借款的抵押担保，但因房产抵押并未进行登记，抵押权未设立，房产所有人不承担担保责任。本案一审法院持这种观点。

第二种观点，单纯认定让与担保的约定有效，回避是否享有优先受偿权。根据《最高人民法院关于审理民间借贷案件适用法律若干问题的规定》第二十三条规定，债务人或第三人与债权人签订买卖合同，约定将买卖合同的标的物作为担保标的物，但并未实际让渡不动产所有权，而是让渡物权期待权，且在债务人不能履行还款义务之时，也不能转移所有权，而是进行清算，即对担保标的物进行拍卖折价后从价款中受偿。本案二审基于不告不理原则，仅对让与担保的合同效力作出判决。

第三种观点，具有让与担保形式的合同的债权效力与物权效力分别判断。根据物权效力和债权效力区分原则，以是否完成必要财产公示为分割线，分别认定对让与担保合同的债权效力与物权效力。《最高人民法院关于适用〈中华人民共和国民法典〉有关担保制度的解释》第六十八条第一款以完成必要的财产公示为适用前提，即“……当事人已经完成财产权利变动的公示，债务人不履行到期债务，债权人请求参照民法典关于担保物权的有关规定就该财产优先受偿……”没有完成财产公示直接适用《最高人民法院关于审理民间借贷案件适用法律若干问题的规定》第二十三条第二款规定，按照民间借贷关系审理，即“判决生效后，借款人不履行生效判决确定的金钱债务，出借人可以申请拍卖买卖合同标的物，以偿还债务……”

显然，第三种观点符合《最高人民法院关于适用〈中华人民共和国民法典〉有关担保制度的解释》第六十八条的立法目的。贯通了以买卖合同担保债务履行的适用规则，即在债务人不能还款的情形下，债权人不能直接依据房屋买卖合同取得房屋所有权，债权人只能在债务人不履行到期债务的情况下，请求对财产折价或者以拍卖、变卖所得的价款清偿债务。对于完成财产所有权变动公示的，债权人也只能请求参照《中华人民共和国民法典》关于担保物权的有关规定就该财产享有优先受偿权，无权主张对该财产享有所有权。

（二）让与担保公示后的优先受偿效力

为了消灭隐形担保，《中华人民共和国民法典》第六百四十一条、第七百四十五条、第七百六十八条均规定未经登记不得对抗善意第三人的规则，使所有权保留等担保事实显形于外，保护交易安全以及避免倒签等欺诈行为。[①] 延

---

① 龙俊：《民法典中的动产和权利担保体系》，载《法学研究》2020年第6期。

续担保事实显形于外的思路，《最高人民法院关于适用〈中华人民共和国民法典〉有关担保制度的解释》第六十八条第一款规定，当事人已经完成财产权利变动的公示，债务人不履行到期债务，债权人请求参照民法典关于担保物权的有关规定就该财产优先受偿的，人民法院应予支持。也就是说，只有在当事人完成了财产权利的变动公示的情况下，债权人才能就财产享有优先受偿的权利。①

三、本案让与担保的权利实现程序

仅签订让与担保合同而未按上述说明完成权利变动公示的不具有物权效力，在没有约定具体清偿方式的前提下，债权人可以请求参照《中华人民共和国民法典》关于担保物权的规定对财产折价或者拍卖、变卖该财产所得的价款内清偿债务；当事人根据合同约定完成相应财产权利变动公示的，形式上已经将财产转让至债权人名下，债权人可以请求参照《中华人民共和国民法典》关于担保物权的规定对财产折价或者拍卖、变卖该财产所得的价款优先受偿清偿债务。

反观本案，当事人已签订商品房买卖合同担保债权，但没有办理不动产变更登记，未完成权利变动公示。因此，买卖合同不具有物权效力，债权人不享有优先受偿权。在处理上，一审法院认为该担保物未经抵押登记，不产生抵押担保的效力，从而驳回了李某锁关于实现担保物权的诉讼请求。二审法院则认定构成让与担保，在债务人不能履行还款义务时，债权人要进行清算，即对担保房屋进行拍卖折价后从价款中受偿，因此，判决申某平应当以提供担保的房产价值为限承担责任，在借款人不能清偿债务时，李某锁可申请拍卖该房产买卖合同标的物，以偿还本案债务。

编写人：河南省林州市人民法院　邓海青　申一博

① 最高人民法院民事审判第二庭：《最高人民法院民法典担保制度司法解释理解与适用》，人民法院出版社 2021 年版。

13

农民专业合作社法定代表人越权订立担保合同的效力认定及责任承担

——曾某诉李某等民间借贷案

【案件基本信息】

1. 裁判书字号

江苏省无锡市锡山区人民法院（2019）苏 0205 民初 5236 号民事判决书

2. 案由：民间借贷纠纷

3. 当事人

原告：曾某

被告：李某、顾某、某合作社

【基本案情】

某合作社系于 2015 年 7 月成立的农民专业合作经济组织，共有五名成员，总注册资本为 300 万元，其中李某认缴出资 100 万元，为该社法定代表人。曾某于 2016 年之前在某合作社担任会计职务。李某与顾某系夫妻关系。李某分别于 2014 年、2017 年向曾某借款累计 17 万元并出具两份借条，曾某于 2019 年 6 月 21 日再次向李某转账 1 万元。2019 年 7 月 24 日，曾某、李某、某合作社签订协议，确认李某结欠曾某借款本金 18 万元、利息 7.2 万元，合计 25.2 万元，约定于 2019 年 9 月 30 日前归还，协议中明确某合作社对李某的付款义务“承担连带清偿责任”，期限至“款项全部清偿完毕之日止”。协议由曾某、李某签字，某合作社加盖公章。同日，李某、顾某还出具承诺书，承诺对曾某及案外两人的债务由其夫妻共同偿还。

【案件焦点】

某合作社的担保效力如何认定，各方如何承担责任。

【法院裁判要旨】

江苏省无锡市锡山区人民法院经审理认为：关于主合同借款合同，曾某提供的证据充分，依法认定曾某向李某出借借款本金18万元。因李某与顾某为夫妻关系，顾某已明确意思表示为同意对李某的案涉付款义务承担共同还款责任，故案涉借款应由李某、顾某共同承担还款责任。

关于某合作社的保证责任。根据《中华人民共和国农民专业合作社法》第三十六条之规定，农民专业合作社的理事长、理事和管理人员不得违反章程规定或者未经成员大会同意，将本社资金借贷给他人或者以本社资产为他人提供担保。某合作社系农民专业合作经济组织，为其法定代表人李某提供连带责任保证，故债权人曾某应当提供证据证明其在2019年7月24日订立协议书时，对成员大会决议进行了审查。现曾某已明确未对成员大会决议进行审查，故认定某合作社提供连带责任的条款无效。担保条款无效后，有过错的一方应当赔偿对方因此所受到的损失，双方均有过错的，应当各自承担相应的责任。曾某未尽审慎注意义务，负有主要过错；某合作社在公章保管等内控制度的建设和落实方面亦存在疏忽，负有次要过错。债权人、担保人均有过错的，担保人承担的民事责任的部分，不应超过债务人不能清偿部分的二分之一，同时考虑到李某在某合作社的占股比例，故认定某合作社应当对李某的案涉付款义务承担李某、顾某不能清偿部分三分之一的赔偿责任。某合作社承担赔偿责任后，有权向李某、顾某追偿。

江苏省无锡市锡山区人民法院依照《中华人民共和国合同法》第五十二条、第五十八条、第一百零七条、第二百零五条、第二百零六条、第二百零七条，《中华人民共和国农民专业合作社法》第三十六条，《最高人民法院关于适用〈中华人民共和国担保法〉若干问题的解释》第七条、第九条，《中华人民共和国民事诉讼法》第一百四十四条规定，判决：

一、李某、顾某于本判决生效后十日内向曾某支付本金18万元、截至

2019年6月20日的利息54447.38元、逾期还款利息（以18万元为基数，自2019年6月21日至实际给付之日，按年利率24%计算）；

二、某合作社对李某、顾某的案涉付款义务（含诉讼费用）承担李某、顾某不能清偿部分的三分之一的赔偿责任；

三、某合作社承担赔偿责任后，可在其承担赔偿责任的范围内向李某、顾某进行追偿；

四、驳回曾某的其他诉讼请求。

【法官后语】

笔者将重点论述本案中担保条款的效力认定及各方责任承担所涉法律适用问题。

首先要明确的是，农民专业合作社系经济组织，具有营利目的、从事经济活动，不属于以公益为目的的非营利性机构，具备提供担保的资格。其次，结合曾某的诉讼请求，以及案涉协议约定某合作社对李某付款义务“承担连带清偿责任”，能够认定各方约定由某合作社为李某的债务提供连带责任保证。

但是，根据《中华人民共和国农民专业合作社法》第三十六条之规定，某合作社对外提供担保的行为应当符合合作社章程或经成员大会决议。本案中，李某作为某合作社的法定代表人，以本社资产为自己的借款提供担保，与《最高人民法院关于适用〈中华人民共和国民法典〉有关担保制度的解释》第七条所规范的“公司的法定代表人违反公司法关于公司对外担保决议程序的规定，超越权限代表公司与相对人订立担保合同”情形如出一辙，故可参照该条款的主旨对担保条款的效力进行分析。该条款明确，相对人善意的，担保合同对公司发生效力，相对人请求公司承担担保责任的，人民法院应予支持；相对人非善意的，担保合同对公司不发生效力，相对人请求公司承担赔偿责任的，参照本解释第十七条的有关规定。

善意是指相对人在订立担保合同时不知道且不应当知道法定代表人超越权限。曾某陈述其在某合作社工作多年，故法院判断其应当明知该社的性质、运营方式，更应当明知李某的身份。即便其不清楚法律的相应规定，但“作为法律，一经公布，任何人均不得以不知法律有规定或宣称对法律有不同理解而免予适用该法律”。[1] 故应当推定曾某明知该限制，明知法定代表人李某超越权限。其在与某合作社订立合同时未审查相关决议，构成非善意相对人。由此，法院依法认定某合作社提供连带责任保证的条款无效。当然，按照《中华人民共和国民法典》以及《最高人民法院关于适用〈中华人民共和国民法典〉有关担保制度的解释》的规定，表述为“对某合作社不发生效力”更为妥当。

最后，虽然案涉保证条款对某合作社不发生效力，但并非完全不用承担责任。根据《最高人民法院关于适用〈中华人民共和国民法典〉有关担保制度的解释》第十七条的规定，主合同有效而第三人提供的担保合同无效，债权人与担保人均有过错的，担保人承担的赔偿责任不应超过债务人不能清偿部分的二分之一；担保人有过错而债权人无过错的，担保人对债务人不能清偿的部分承担赔偿责任；债权人有过错而担保人无过错的，担保人不承担赔偿责任。本案担保条款非因主合同无效而不发生效力，分析本案中各方过错，债权人曾某签订协议时未尽审慎注意义务，某合作社在公章保管等内控制度的建设、落实方面亦存在过失，同时，考虑到债务人李某在某合作社的占股比例为三分之一，根据案情也可排除李某与曾某恶意串通的情节，最终认定某合作社应当对李某的案涉付款义务（含诉讼费用的负担）承担李某、顾某不能清偿部分的三分之一的赔偿责任，具有合理性。

编写人：江苏省无锡市锡山区人民法院　骆文文

---

① 曹士兵：《中国担保制度与担保方法——根据物权法修订》，中国法制出版社2008年版，第102页。

14

股东代公司履行清偿义务后追偿权的认定

——科技公司诉投资集团追偿权案

【案件基本信息】

1. 裁判书字号

北京市丰台区人民法院（2020）京 0106 民初 26735 号民事判决书

2. 案由：追偿权纠纷

3. 当事人

原告：科技公司

被告：投资集团

【基本案情】

2014 年 6 月，投资集团投资设立酒店公司，注册资本 5000 万元。2014 年 10 月，科技公司受让 40%股份成为酒店公司的股东。2018 年 4 月，投资集团将剩余股份转让给海外公司。2017 年，科贸公司与酒店公司发生借款合同纠纷，北京市海淀区人民法院判决酒店公司向科贸公司偿还借款本金 1891133.52 元、利息 296035.34 元。该判决生效后，科贸公司申请强制执行，并以未足额缴纳出资为由申请追加科技公司为被执行人，法院准予追加。

【案件焦点】

股东代公司履行清偿义务后追偿权的认定。

【法院裁判要旨】

北京市丰台区人民法院经审理认为：根据《最高人民法院关于适用〈中华

人民共和国公司法〉若干问题的规定（三）》第十八条的相关规定，科技公司已经在其未缴纳出资范围内，就酒店公司对科贸公司的债务承担了清偿责任。但投资集团与科技公司之间就股权转让及出资事宜签订的《股权转让协议》中，明确约定受让方科技公司愿意接受转让方投资集团在酒店公司中2000万元未缴的货币出资，由其根据《中华人民共和国公司法》及公司章程履行出资义务。双方签订的《合作协议》亦约定，从本协议签订之日起三年内，双方均需缴纳完成各自在酒店公司中的注册资金，其中投资集团为人民币3000万元，科技公司为人民币2000万元。因此，双方明确约定2000万元未缴的货币出资由科技公司履行出资义务，其以投资集团未履行出资义务为由，要求投资集团承担赔偿责任的诉讼请求，缺乏事实和法律依据，法院不予支持。

综上，北京市丰台区人民法院依照《最高人民法院关于适用〈中华人民共和国公司法〉若干问题的规定（三）》第十八条，《全国人民代表大会常务委员会关于授权最高人民法院在部分地区开展民事诉讼程序繁简分流改革试点工作的决定》规定，判决：

驳回科技公司的全部诉讼请求。

【法官后语】

本案判决的作出适用的是《最高人民法院关于适用〈中华人民共和国公司法〉若干问题的规定（三）》第十八条的相关规定，即有限责任公司的股东未履行或者未全面履行出资义务即转让股权，受让人对此知道或者应当知道，公司请求该股东履行出资义务、受让人对此承担连带责任的，人民法院应予支持；公司债权人依照本规定第十三条第二款向该股东提起诉讼，同时请求前述受让人对此承担连带责任的，人民法院应予支持。受让人根据前款规定承担责任后，向该未履行或者未全面履行出资义务的股东追偿的，人民法院应予支持。但是，当事人另有约定的除外。

因此，首先要明确要求发起人、股权受让人对未出资股东承担责任的前提条件，根据上述法条可知，公司债权人要求公司发起人和股权受让人对未出资股东的出资义务承担责任，需具备三项前置条件：1. 公司已不能清偿其债务；

2. 股东有未出资或未足额出资的事实；3. 公司债权人已向该股东提起诉讼。本案中，科贸公司对酒店公司的债权经法院的强制执行程序无财产可供执行而出具了终本裁定，酒店公司已不能清偿其债务，其股东科技公司即本案的科技公司对酒店公司有未足额出资的事实，同时债权人科贸公司已经通过执行异议之诉认定科技公司有1700万元认缴出资未交纳，裁定追加科技公司为（2017）京0108民初50324号民事判决的执行案件的被执行人，并裁定科技公司在其未缴纳出资1700万元范围内，以该判决确定的酒店公司应履行而未履行的债务为限，对科贸公司承担清偿责任。故科技公司据此代酒店公司承担了相应的付款义务。现科技公司以追偿权纠纷向酒店公司的投资方即投资集团提起诉讼，要求投资集团对科技公司为酒店公司支付的款项承担赔偿责任。但本案的特殊之处在于投资集团（转让方）与科技公司（受让方）签订的《股权转让协议》中约定了受让方科技公司愿意接受转让方投资集团在酒店公司中2000万元未缴的货币出资，由其根据《中华人民共和国公司法》及公司章程履行出资义务。双方签订的《合作协议》亦约定，从本协议签订之日起三年内，双方均需缴纳完成各自在酒店公司中的注册资金，其中科技公司为人民币2000万元。故本案属于《最高人民法院关于适用〈中华人民共和国公司法〉若干问题的规定（三）》第十八条的规定中当事人另有约定的情况。因此，双方明确约定2000万元未缴的货币出资由科技公司履行出资义务，故科技公司以投资集团未履行出资义务为由，要求其承担赔偿责任的诉讼请求，缺乏事实和法律依据，不予支持。

编写人：北京市丰台区人民法院　王雪彤

15

受理及执行相关费用应在担保人追偿范围内

——涂某诉高某追偿权案

【案件基本信息】

1. 裁判书字号

浙江省温州市中级人民法院（2020）浙03民终4106号民事裁定书

2. 案由：追偿权纠纷

3. 当事人

原告（被上诉人）：涂某

被告（上诉人）：高某

【基本案情】

2013年8月1日，高某向案外人贷款公司借款200万元并签订《借款合同》，同时涂某与该公司签订《保证合同》，为高某所借上述款项提供连带责任保证，保证范围为主合同项下债权本金、利息、复利、罚息、违约金、损害赔偿金和债权人为实现债权而发生的费用（包括但不限于催收费用、诉讼费、保全费、公告费、执行费等）以及其他所有主合同债务人应付的费用。后因高某未履行上述债务，贷款公司向天津市东丽区人民法院起诉，法院依法作出（2016）津0110民初4823号民事判决，要求高某返还贷款公司借款本金1644382.10元及逾期利息，涂某对上述债务在抵押物拍卖或变卖不能完全受偿的余额范围内承担连带给付责任，受理费由高某、涂某共同负担。该判决生效后，高某、涂某未履行相关还款义务，贷款公司依法向法院申请强制执行，涂某代为偿付借款本金644382.10元、利息906867.51元、案件受理费27659元，并支付上述案件执行费24845元。涂某代偿后，高某未向涂某支付。后于庭审过程中涂某、高某一致确认，高某在2017年尚有30万元在涂某处，该笔款项双方一致同意在本案代偿款中予以扣减。

【案件焦点】

案件受理费和执行费是否属于担保人追偿范围。

【法院裁判要旨】

浙江省瑞安市人民法院经审理认为：涂某为高某向贷款公司借款提供保证，并按约定履行了保证义务后，依法有权向高某追偿代为偿还的借款本金及利息。对于案件受理费27659元及执行费24845元，根据涂某与贷款公司签订的《保证合同》可知保证范围包含债权人为实现债权而发生的费用（包括但不限于催收费用、诉讼费、保全费、公告费、执行费等），故本案所涉受理费及执行费均在涂某的保证范围内，涂某依约有权向高某进行追偿，且高某因涂某提供的担保获得了借款的利益，因高某未能按约偿还借款本息导致涂某需要被动承担相关保证责任，从公平原则角度出发，高某亦应作为案件受理费和执行费最后承担者更为合理，本院确认涂某代高某垫付的款项（包含案件受理费、执行费）共计1603753.61元。鉴于涂某、高某一致确认高某在涂某处的30万元在本案中予以扣减，故高某需向涂某返还代偿款1303753.61元。

据此，浙江省瑞安市人民法院依照《中华人民共和国合同法》第一百零七条，《中华人民共和国担保法》第十八条、第二十一条、第三十一条，《中华人民共和国民事诉讼法》第六十四条规定，判决：

一、高某于本判决生效之日起十日内偿还涂某代偿款1303753.61元并支付利息损失（以1278908.61元为基数自2019年11月13日起，以24845元为基数自2019年11月15日起均按同期全国银行间同业拆借中心公布的贷款市场报价利率计算至实际履行完毕之日止）；

二、驳回涂某的其他诉讼请求。

高某不服一审判决，提起上诉。

高某未在指定的期限内预交上诉案件受理费，亦未提出减、免、缓交诉讼费的司法救助申请，浙江省温州市中级人民法院依照《中华人民共和国民事诉讼法》第一百五十四条第一款第十一项，《最高人民法院关于适用〈中华人民共和国民事诉讼法〉的解释》第三百二十条规定，裁定：

本案按高某自动撤回上诉处理。

【法官后语】

随着大众风险防控意识的提高，“担保”在民间借贷中广为适用，就此引发的追偿权纠纷日益增多。然而，债权人起诉债务人及担保人以后产生的案件受理费和执行费用，是否在追偿范围内却备受争议。

首先需要明确案件受理费、执行费的性质。按照现行审判流程来看，诉讼费缴纳采取原告预付，根据判决结果对双方所需承担诉讼费进行结算的方式。这使得大众容易陷入误区，认为案件受理费、执行费属于败诉方需要承担的诉讼风险，即若债权人诉讼成功，诉讼费、执行费最终无须债权人承担，自然无须出现在担保人的担保范围内，当然诉讼失败，债权不成立，自无探讨必要。同时当债务人、担保人被共同起诉时，法院裁判案件受理费、执行费时多为共同承担，双方可私下协商各自承担的范围，其中一方代为承担后理论上也可以在超出自身承担的范围内向对方追偿，此时追偿所依据的法律关系不再是担保法律关系。

但案件受理费和执行费虽然是诉讼风险的结果，其本质是权利人为实现权利所支付的必要费用，同时也是义务人不履行义务对权利人造成的经济损失，理应由义务人负担，只不过法院在判决时为减少权利人另行起诉要求义务人承担受理费、执行费的诉累而采取预缴加结算的方式。法院判决借款人及担保人承担受理费，正是基于债权人为实现债权的费用由债务人承担，而担保人对此需承担保证责任而产生，故作连带负担受理费判决，该部分受理费用就是指债权人为实现债权而发生的费用。执行费亦如此。故受理费、执行费属于担保人所追偿的范围。

其次案件受理费、执行费由债务人负担更具合理性。初看，担保人之所以承担案件受理费、执行费的最直接原因来自其未主动履行担保义务，故需承担相应责任。倘若担保人不因其怠于履行担保义务的行为承担相应责任，将会降低担保人主动履行义务的可能性及主动性。

但是使债务人或担保人任何一方承担案件受理费和执行费均可促进其中一方履行义务，此时便涉及担保义务和还款义务的优先级问题，而担保法律关系是依赖债权债务产生的从法律关系，且担保义务是基于实践中债务人主动履行率低、债权人为降低自身风险而产生，从偿债最终责任角度来看，担保人承担的仅是代替责任，非最终责任，担保人代为承担还款义务后，有权向债务人追偿，此时再次涉及债务人的履行问题。故应优先促进债务人主动履行债务。

另外从担保人代偿角度分析，产生代偿源于债务人未能按约履行偿债责任，若债务人主动偿还债务，担保人便无代偿责任，故债务人系自身原因使担保人陷入被他人追债的风险之中；从公平责任角度出发，债务人因担保人的担保获得借款利益，担保人因此背负代为偿债的义务，而担保人主动或被动代偿，均系债务人获利，但担保人因担保行为仅承担义务并无获利，若产生的费用由担保人自行承担，对担保人显失公平，故该部分的费用应由最终责任承受者即债务人承担更为合理。

编写人：浙江省瑞安市人民法院　李茹意

二、保　证

16

缺乏明确债务人、债务到期后的承诺系担保还是债务加入

——贾某诉控股公司保证合同案

【案件基本信息】

1. 裁判书字号

北京市朝阳区人民法院（2019）京0105民初34308号民事判决书

2. 案由：保证合同纠纷

3. 当事人

原告：贾某

被告：控股公司

【基本案情】

2017年11月23日，基金管理公司发起某基金，某基金资产用于受让便利店公司股权，业绩比较基准利率为年化10%。贾某与基金管理公司签署《基金合同》及《基金份额转让确认函》，成为某基金的投资人。《基金合同》约定，基金成立满12个月，且基金无法实现退出的情况下，经管理人同意，基金投资者可向管理人转让基金份额。《基金份额转让确认函》约定，基金投资期满一年不能退出，则在投资期满一年后申请由基金管理人安排转让。贾某通过银行

转账方式向指定账户汇款100万元，2018年11月12日，基金管理公司出具收据，确认贾某认购某基金金额100万元。2018年11月25日，控股公司向某基金投资者出具《担保函》，载明：本着对投资人负责的原则，针对某基金二期已到期并出现延期兑付的现象，发行机构在积极推进产品的回款和对本产品投资者的兑付，如果出现不能兑付的情况，我公司对本产品的本金收益兑付作出如下担保承诺：我公司就本产品的份额持有人承诺，对该产品的偿付在原有增信措施的基础上，追加不可撤销的无限连带责任担保；担保义务范围包括应支付的全部偿付价款（本产品的本金、收益、违约金及相关的各项费用）。截至2018年12月，某基金投资期届满，但基金管理公司未按约安排基金退出，亦未向贾某兑付本金及收益，控股公司亦未承担还款责任。

【案件焦点】

1. 涉案《担保函》的性质及效力认定；2. 业绩比较基准利率是否系固定收益的计算标准。

【法院裁判要旨】

北京市朝阳区人民法院经审理认为：首先，保证是指保证人和债权人约定，当债务人不履行债务时，保证人按照约定履行债务或者承担责任的行为。第三人单方以书面形式向债权人出具担保书，债权人接受且未提出异议的，保证合同成立。控股公司在《担保函》中作出“对本产品的兑付和产品回款提供资金保障，追加不可撤销的无限连带责任担保，担保义务范围包括应支付的全部偿付价款（本产品的本金、收益、违约金及相关的各项费用）”的承诺，贾某予以接受，故，贾某与控股公司之间成立保证合同法律关系。

贾某与控股公司之间的保证合同，针对的主债权债务系贾某与基金管理公司之间的投资与基金份额转让关系。贾某按照《基金合同》约定履行了支付投资款义务，基金管理公司出具《收据》予以确认，基金管理公司在《基金份额转让确认函》中确认投资期满之后安排转让，主合同合法有效且债权金额明确。现投资期满，贾某要求转让，基金管理公司应向贾某支付基金份额转让价款。《基金合同》及《基金份额转让确认函》对业绩比较基准利率作出特别提示，且合同多处明确约定基金管理人不保收益，贾某按照业绩比较基准利率年化10%的标准主张投资期限内收益，不予支持，投资期限内收益标准，应参照中国人民银行同期贷款利率标准计算，贾某主张本金、收益有误之处，法院予以调整。

某基金投向便利店公司股权，控股公司持有商业管理公司70%股权，商业管理公司持有便利店联盟公司87.73%股权，便利店联盟持有便利店公司82.2%股权，故控股公司针对某基金出具《担保函》，属于公司为其直接或者间接控制的公司开展经营活动向债权人提供担保的情形，故控股公司出具《担保函》系其真实意思表示，属合法有效，控股公司应按其承诺承担保证责任。现基金管理公司未按约定履行基金转让价款支付义务，贾某在保证期间内要求控股公司承担其承诺的保证责任，控股公司的保证责任不应免除，控股公司应按其承诺向贾某给付投资本金、收益。

综上所述，北京市朝阳区人民法院依照《中华人民共和国合同法》第六十条、第一百零七条，《中华人民共和国担保法》第十八条、第三十一条规定，判决：

一、控股公司于本判决生效之日起七日内向贾某支付投资本金100万元；

二、控股公司于本判决生效之日起七日内向贾某支付期限内收益（以100万元为基数，自2017年12月12日至2018年12月11日，按照中国人民银行同期贷款利率标准计算）；

三、驳回贾某的其他诉讼请求。

【法官后语】

本案系投资人在私募基金投资失败、基金管理人失联、基金无法清算的情况下，转而起诉担保方进行维权的纠纷。

一、案涉《担保函》的性质认定

针对本案投资人贾某与基金管理公司之间的投资与基金份额转让关系，控股公司作为第三方所出具的《担保函》存在两处争议：第一，案涉《担保函》

出具时间晚于基金管理公司基金份额转让义务履行期届满之日，即原债务履行期已届满，第三人所作承诺是否仍属于保证；第二，案涉《担保函》中的“担保”承诺缺乏明确的债务人。因此，实践中对案涉《担保函》的性质认定存在如下分歧：

观点一认为，案涉《担保函》属于债务加入。《中华人民共和国民法典》第五百五十二条规定，第三人与债务人约定加入债务并通知债权人，或者第三人向债权人表示愿意加入债务，债权人未在合理期限内明确拒绝的，债权人可以请求第三人在其愿意承担的债务范围内和债务人承担连带债务。故，债务加入并不能使原债务人脱离债务关系，而是增加了一个新债务人，具有担保债权实现的功能。对于保证合同而言，根据《中华人民共和国民法典》第六百八十一条规定，保证合同是为保障债权的实现，保证人和债权人约定，当债务人不履行到期债务或者发生当事人约定的情形时，保证人履行债务或者承担责任的合同。因此，保证的补充性决定了保证是在债务人到期不能偿还时承担保证责任，若债务已经到期，则理论上再无订立保证合同之需要。案涉《担保函》缺乏明确的债务人，且在基金合同满一年、基金无法按期兑付的情况下出具，是对到期债务承担偿还责任的承诺，不符合保证合同的构成要件。与此同时，投资人起诉控股公司表明其接受该承诺，双方之间成立新的债权债务关系，即偿还债务的法律关系。

观点二认为，案涉《担保函》属于保证。《中华人民共和国民法典》第六百八十五条规定，第三人单方以书面形式向债权人作出保证，债权人接收且未提出异议的，保证合同成立。案涉《担保函》明确载明对涉案基金提供无限连带责任担保，提供担保的意思表示明确具体，担保的范围内容具体明确，应认定为担保。

作为债权债务关系的增信措施，债务加入与保证合同均使第三人负担一定的还款责任。但是，债务加入人的责任相较于保证人的责任而言更为严苛。第一，债务加入仅受到诉讼时效限制，而保证担保还受保证期间的规制；第二，债务加入具有并存性，第三人加入债务后成为新债务人，是对自己的债务负责。

而保证责任具有从属性，保证人是对原债务人的债务负责；第三，保证人承担保证责任后具有追偿权，而债务加入人是否可以向原债务人追偿，取决于加入债务时债务加入人与原债务人之间的具体约定。如无特别约定，债务加入人不享有对原债务人的追偿权。

具体到本案，认定《担保函》的性质仍应在尊重当事人意思自治的前提下探究当事人的真实意思表示。首先，根据保证合同的定义，控股公司以书面形式向基金投资人出具《担保函》，投资人接收且未提出异议的，保证合同成立。其次，《担保函》明确载明对涉案基金提供无限连带责任担保，提供担保的意思表示明确具体，担保的范围内容具体明确，应认定为担保。最后，文件名称为《担保函》，文意表述为“连带责任担保”“担保义务”等字样，内容表述为“出现不能兑付的情况”，结合条款的文字含义及责任承担的补充性，《担保函》应认定为保证责任。

二、案涉《担保函》的效力争议

一种观点认为，公司出具担保函属于公司对外担保，须经过股东决议。本案《担保函》未经股东会决议通过，担保无效。涉案《担保函》系向基金产品投资人作出，债务人应为基金管理人基金管理公司，基金管理公司与控股公司之间不存在直接或者间接控制关系，担保无效。

另一种观点认为，公司为其直接或间接控制的公司开展经营活动向债权人提供担保，没有公司机关决议，也应当认定担保合同符合公司的真实意思表示，合同有效。

本案中，某基金投向便利店公司股权，控股公司持有商业管理公司70%股权，商业管理公司持有便利店联盟公司87.73%股权，便利店联盟公司持有便利店公司82.2%股权，故控股公司针对某基金出具《担保函》，属于公司为其直接或者间接控制的公司开展经营活动向债权人提供担保的情形，无须股东会决议，担保合法有效。

三、本案适用情况分析

业绩比较基准利率系基金管理人过往业绩及收取管理费的参考，无论是法律规范，还是中国证券投资基金业协会关于私募基金备案的要求，均禁止保本保收益以及将业绩与收益挂钩。本案中，合同多处明确约定基金管理人不保收益并进行加粗等特别提示，贾某按照业绩比较基准利率年化 10% 的标准主张收益，缺乏依据。另外，虽然本案基金尚未清算，但基金管理人被注销管理人资格且处于失联状态，无法继续进行清算事宜，故投资人损失确定，担保范围亦能够确定，故法院支持投资人请求。

编写人：北京市朝阳区人民法院　马娇

17

《差额补足承诺函》的性质，需要结合合同条款，上下文、文意等内容综合认定

——陈某彤诉甲公司、马某保证合同案

【案件基本信息】

1. 裁判书字号

北京市朝阳区人民法院（2020）京 0105 民初 36603 号民事判决书

2. 案由：保证合同纠纷

3. 当事人

原告：陈某彤

被告：甲公司、马某

【基本案情】

2019 年 5 月 30 日，陈某彤与投资公司签订《投资认购协议》，约定陈某彤认购投资产品，认购金额 300 万元，年化收益率 9%，期限 9 个月，到期日为 2019 年 11 月 30 日，投资公司在产品到期日后 5 个工作日内向陈某彤兑付产品

全部本金及收益。陈某彤在签署《投资认购协议》时，甲公司和马某分别出具《差额补足承诺函》《保证担保函》，愿意为投资公司在产品到期无法兑付本金及收益时提供全额无条件不可撤销的连带保证义务。2019 年 11 月 30 日，投资产品到期，截至 2020 年 1 月，陈某彤根据约定提起仲裁，要求投资公司履行义务，但甲公司、马某亦未承担保证责任。

【案件焦点】

《差额补足承诺函》的性质及效力认定。

【法院裁判要旨】

北京市朝阳区人民法院经审理认为：马某出具《保证担保函》承诺对投资公司的溢价回购价款提供连带保证义务，投资产品于 2019 年 11 月 30 日到期，投资公司未按约定履行溢价回购义务，陈某彤在保证期间内要求马某承担保证责任，马某应按其承诺对投资产品的本金及收益承担连带保证责任。《保证担保函》未约定担保范围包括产品到期日后的利息，陈某彤要求马某支付利息，缺乏依据。甲公司出具《差额补足承诺函》承诺“一旦发生投资公司的溢价回购资金来源金额或溢价回购资金来源时间缺口，则由本公司对本资产收益权转让项目的溢价回购价款提供全额无条件不可撤销的连带差额补足义务”，从该条款的含义界定来看，该约定符合保证的定义，即保证人甲公司约定当投资公司未履行产品的溢价回购价款支付义务时，甲公司按照约定承担保证责任。关于《差额补足承诺函》的效力，甲公司系乙公司股东之一，乙公司系投资公司股东，持股 99.4167%，故甲公司为投资公司的义务向投资人出具《差额补足承诺函》提供担保，属于公司为其直接或者间接控制的公司开展经营活动向债权人提供担保的情形，故甲公司出具《差额补足承诺函》合法有效。《差额补足承诺函》约定甲公司对投资公司的溢价回购价款提供差额补足义务，现投资公司未按约履行溢价回购义务，甲公司应按其承诺对投资产品的本金及收益承担连带保证责任。《差额补足承诺函》未约定担保范围包括产品到期日后的利息，陈某彤要求甲公司支付利息，缺乏依据。

综上所述，北京市朝阳区人民法院依照《中华人民共和国担保法》第十八条，《中华人民共和国民事诉讼法》第一百四十四条规定，判决：

一、甲公司、马某于本判决生效之日起十日内向陈某彤偿还本金300万元；

二、甲公司、马某于本判决生效之日起十日内向陈某彤支付收益135369.86元；

三、驳回陈某彤的其他诉讼请求。

【法官后语】

商事交易中，为了满足债权人的需要，通常引入第三方增信措施作为担保，除去抵押、质押、保证等典型性担保，也有让与担保等非典型性担保，还有差额补足、流动性支持等作为增信手段。

一、何谓差额补足

《中华人民共和国民法典》施行前后，关于差额补足承诺函的性质，并没有明确的法律规定。

《全国法院民商事审判工作会议纪要》（以下简称《九民会议纪要》）第九十一条规定，差额补足内容符合保证的，认定为保证，不符合保证规定的，根据案件事实情况确定相应的民事责任。《最高人民法院关于适用〈中华人民共和国民法典〉有关担保制度的解释》第三十六条规定，差额补足具有担保的意思表示，按照保证处理，具有加入债务意思表示的，认定为债务加入，难以确定性质的，应当认定为保证。

可见，差额补足并非单一性质，需要结合合同条款，上下文、文意等内容综合认定，差额补足是债务加入、保证或是独立的合同义务，因此，认定差额补足的责任性质，首先需要明确保证和债务加入的差别。

二、债务加入与保证的区别

1. 是否具有从属性。债务加入需要明确的加入原债务人债务之意，需要承担并存的债务，具有独立性；保证具有从属性，从属于债务人的债务。

2. 是否具有追偿权。债务加入人对原债务人不享有追偿权，保证人承担保证责任后享有追偿权。

3. 是否受保证期间限制。债务加入不受保证期间规制，但受诉讼时效限制；保证受保证期间的限制。

三、本案《差额补足承诺函》的性质认定

认定《差额补足承诺函》的性质，需要结合合同约定判定。

首先，从该条款适用前提看，差额补足是补充性责任，即“在投资公司未履行……价款支付义务时”“如投资公司未能按时履行……溢价回购义务”。

其次，从合同表述的后果看，“本资产收益权转让项目的本金及收益”，即承担责任范围的收益权转让的本金及收益。

最后，本案中马某为涉案收益权提供保证，马某出具《保证担保函》所载文字内容与《差额补足承诺函》约定的文本内容完全一致。

对比保证与债务加入的区别，差额补足承诺具有从属性、补充性，且缺乏明确的债务加入之意，结合《保证担保函》的文字表述内容，本案差额补足的约定符合保证的定义，《差额补足承诺函》的性质为保证合同。即是说，甲公司承诺当投资公司未履行产品的溢价回购价款支付义务时，甲公司按照约定承担保证责任，在陈某彤与甲公司之间成立保证合同法律关系。

四、《差额补足承诺函》的效力认定

《中华人民共和国公司法》第十六条规定，公司对外提供担保须经公司决议。甲公司为投资公司的涉案产品提供保证属于公司对外担保的类型，故《差额补足承诺函》须经过公司股东会或者董事会决议通过，本案中，甲公司未召开股东会或者董事会等机关决议，因此需要考虑本案是否存在公司对外担保无须机关决议的例外情况。

《九民会议纪要》第十九条规定，存在下列情形的，即便债权人知道或者应当知道没有公司机关决议，也应当认定担保合同符合公司的真实意思表示，合同有效……公司为其直接或者间接控制的公司开展经营活动向债权人提供担保。本案中，甲公司系乙公司股东，乙公司持有投资公司99.4167%股份，故甲公司为投资公司的义务向投资人出具《差额补足承诺函》提供担保，属于公司为其直接或者间接控制的公司开展经营活动向债权人提供担保的情形，《差额补足承诺函》合法有效。

《最高人民法院关于适用〈中华人民共和国民法典〉有关担保制度的解释》第八条第一款规定："有下列情形之一，公司以其未依照公司法关于公司对外担保的规定作出决议为由主张不承担担保责任的，人民法院不予支持：（一）金融机构开立保函或者担保公司提供担保；（二）公司为其全资子公司开展经营活动提供担保；（三）担保合同系由单独或者共同持有公司三分之二以上对担保事项有表决权的股东签字同意。"列举了公司对外担保的例外情形，一是删除了"公司为其直接或者间接控制的公司开展经营活动向债权人提供担保"规定，原因在于公司对直接或者间接控制的公司，除自身还有其他股东持有股权，如公司为其关联公司提供担保，依然存在可能损害其他中小股东利益的情况。二是增加了公司为其全资子公司开展经营活动提供担保，因为母公司为其全资子公司提供担保，不存在损害母公司其他股东利益的情况。

五、本案的意义

《九民会议纪要》关于差额补足规定仅限于营业信托纠纷，在营业信托纠纷之外，比如委托理财法律关系、私募基金法律关系或者其他合同纠纷中，当事人出具的差额补足文件的性质如何认定，可否参照《九民会议纪要》第九十一条，实践中并无统一明确的意见。《最高人民法院关于适用〈中华人民共和国民法典〉有关担保制度的解释》第三十六条的规定，一方面，延续了《九民会议纪要》关于差额补足的性质认定表述。另一方面，认定差额补足作为一种增信措施，适用范围不局限于营业信托纠纷。本案案由并非营业信托纠纷，也并非因信托引发的其他纠纷，仅为理财产品兑付引发的纠纷，但该案的审判思路恰好体现了《最高人民法院关于适用〈中华人民共和国民法典〉有关担保制度的解释》关于差额补足的性质认定的精神。

需要提示的是，我国法律禁止资管产品的刚性兑付，故在资管计划、信托产品中如差额补足条款构成刚性兑付，则可能因违反效力性强制性规定或者违背公序良俗而无效。

编写人：北京市朝阳区人民法院　马娇

18

让与担保权人擅自处分担保物的责任认定

——浦某辉诉施某保证合同案

【案件基本信息】

1. 裁判书字号

江苏省启东市人民法院（2020）苏0681民初1824号民事判决书

2. 案由：保证合同纠纷

3. 当事人

原告：浦某辉

被告：施某

第三人：蔡某

【基本案情】

2018年10月，浦某辉因需要偿还他人债务，经蔡某介绍向施某借款130万元，并将名下房屋通过房屋买卖的形式过户至施某名下作为借款的担保，并约定一年后归还借款时施某将案涉房屋返还给浦某辉。浦某辉、施某于2018年10月17日签订《房地产买卖合同》，约定房屋建筑面积为86.39平方米，成交总价款为130万元。次日办理房屋过户手续，施某支付契税、个人所得税合计2.6万元。同日，施某通过其丈夫陈某账户向浦某辉转账117.4万元。2018年12月25日，施某向浦某辉转账10万元。2019年4月1日，浦某辉向施某银行转账归还2万元。2019年7月4日，浦某辉向施某微信转账归还1万元。另案外人浦某涛代浦某辉向施某银行转账归还5万元。2019年5月底，浦某辉与施某丈夫陈某商谈还款事宜，浦某辉认可2个月5万元的利息，并约定在2019年

7月底归还135万元。

2019年7月4日，施某通过微信向浦某辉催要借款，浦某辉同意归还2个月5万元利息，并承诺会主动归还借款。至2019年10月，施某多次向浦某辉催要，浦某辉仍无法偿还借款。2019年10月23日，施某丈夫陈某电话联系浦某辉父亲，浦某辉父亲在电话中认可借款130万元，利息4万元，过户费6万元，合计140万元，同意月底搬出案涉房屋，用案涉房屋抵销债务。2019年10月31日，施某丈夫陈某与浦某辉电话确认浦某辉已搬离案涉房屋。

2020年1月16日，施某及其丈夫陈某与案外人龚某签订《房屋买卖合同》，约定案涉房屋的成交价160万元，施某、陈某承担全部过户费用以及中介费用。2020年2月25日，施某、陈某与龚某办理了房屋过户手续。

【案件焦点】

1. 浦某辉到期未清偿债务，施某是否有权处分案涉房屋；2. 如系无权处分，如何确定房屋价值与案涉借款本金及利息，并根据双方过错认定责任承担。

【法院裁判要旨】

江苏省启东市人民法院经审理认为：让与担保是指债务人或者第三人与债权人订立合同，约定将财产形式上转让至债权人名下，债务人到期清偿债务，债权人将该财产返还给债务人或者第三人。债务人到期没有清偿债务，财产归债权人所有的约定无效，但债权人可以请求对财产拍卖、变卖、折价偿还债权。本案中，双方虽未签订书面借款合同，但双方在形式上签订了房屋买卖协议，且施某将款项交付浦某辉，故法院认定本案系浦某辉向施某借款，为担保债务的履行浦某辉将自己名下房屋以房屋买卖形式过户至施某名下作为借款的担保，双方成立让与担保的法律关系。

关于如何认定案涉借款本金数额及利息。关于借款本金，施某向浦某辉交付127.4万元，法院予以确认。施某支付的过户费用2.6万元，因案涉房屋作为借款的担保，且双方约定案涉房屋价款为130万元，该2.6万元系办理房屋过户产生的合理费用，应由浦某辉承担，故法院认定案涉借款本金为130万元。

关于利息，双方虽未书面约定利息，但根据双方的微信聊天记录、录音资料以及银行交易明细等证据可以证明双方之间约定了 2 个月 5 万元的利息。截至 5 月底前浦某辉共计支付了 8 万元利息，并未超过法律规定的上限。故法院认定浦某辉结欠施某借款本金 130 万元、利息自 2019 年 6 月 1 日起至实际还款之日止按照 2 个月 5 万元的标准即年利率 23.08%计算。

关于施某是否有权处分案涉房屋。债务人到期没有清偿债务的，债权人和债务人均可以请求对财产拍卖、变卖、折价用于偿还债权。本案中，双方并未对案涉借款进行结账，也未对案涉房产进行估价，双方的通话录音证据仅视为双方对交付房屋达成一致，无法证明双方就债务金额和标的物价值进行了清算，并就真实转让标的物的所有权达成合意，不符合“折价”的构成要件，本质上约定了浦某辉到期不能清偿债务，案涉房屋直接归施某所有，双方以物抵债行为系流质约定，应属无效，故法院对施某以房屋折价方式抵债不违反法律禁止性规定的抗辩不予采纳，施某应当返还浦某辉的案涉房屋，并支付自 2019 年 10 月 31 日起无权占有浦某辉房屋使用费。然施某于 2020 年 1 月 16 日未经浦某辉同意将案涉房屋擅自出售给案外人，属无权处分，应赔偿浦某辉因无权处分房屋造成的损失。因双方基础法律关系为民间借贷纠纷，浦某辉结欠施某借款本息尚未履行完毕，法院为减少诉累对该两笔债务进行抵销，按照“多退少补”方式，由一方支付相应差价。至于处分房屋损失的计算，施某出售案涉房屋的成交价 160 万元符合案涉房屋在该时间节点的市场价值，故法院认定施某应赔偿因无权处分房屋给浦某辉造成的损失 160 万元。截至 2020 年 1 月 16 日，浦某辉结欠施某借款本金 130 万元、利息 19 万元，合计 149 万元。故施某应向浦某辉支付因赔偿无权处分房屋给浦某辉造成的损失和浦某辉结欠施某借款本息的差价 11 万元。至于案涉房屋占有使用费，浦某辉于 2019 年 10 月 31 日搬离案涉房屋，将其交付施某，应从该日起计算至施某应赔偿浦某辉处分房屋造成浦某辉损失之日即 2020 年 1 月 16 日止，计算标准法院综合案涉房屋地段租金、面积等情况酌定为 2000 元/月。故法院认定施某应向浦某辉支付房屋占有使用费 5133 元。最后，法院根据合同无效的法律规定，综合浦某辉、施某的过错程度，认定导致合同无效的责任由双方各半承担，故施某支付浦某辉差价赔偿款及占有使用费的一半合计57566.5元。

江苏省启东市人民法院依照《中华人民共和国民法总则》第一百一十八条，《中华人民共和国物权法》第一百零六条、第一百七十一条，《中华人民共和国合同法》第五十二条、第五十八条规定，判决：

一、施某于本判决生效之日起十日内支付浦某辉差价损失及房屋占有使用费合计57566.5元；

二、驳回浦某辉的其他诉讼请求。

【法官后语】

让与担保是一种非典型担保方式，以真实、合法、有效的债权债务关系为基础，让与担保的财产在债务人到期没有清偿债务时可以通过拍卖、变卖、折价偿还债权的方式来实现债权。让与担保因本身具有适用的便捷性、交易的灵活性等优点在实践中被广泛运用，但因违反禁止流质流押、属于通谋虚伪表示、违反物权法定原则等在理论和实务上备受争议。然而随着市场经济及信用交易的发展，对公平、效率的高度追求，让与担保制度价值凸显，并逐渐被立法选择。2019年12月23日发布的《全国法院民商事审判工作会议纪要》首次对让与担保作出正面回应，其第七十一条明确了让与担保的构成要件及担保物权的效力，但该纪要既不是法律，也不是司法解释，只能在裁判说理中予以引用。2021年1月1日实施的《中华人民共和国民法典》仍未明确规定让与担保，仅在第三百八十八条作出“其他具有担保功能的合同”的概括性表述。但立法理念已逐渐缓和物权法定原则，对流质条款的效力不再是禁止流质的成文表述，而是创新性地采用了法律后果说的立法模式，即当事人如果约定流质契约，权利人只能就财产优先受偿。同日实施的《最高人民法院关于适用〈中华人民共和国民法典〉有关担保制度的解释》第六十八条具体规定了让与担保的认定及权利实现方式，为让与担保提供了直接适用的法律规定，让与担保终于从隐形走向显形。

让与担保在设定之初，当事人往往达成口头或书面约定债务人不履行到期债务，担保物归债权人所有，该约定因违反流质契约而无效。法律禁止流质契约的目的是防止债权人利用债务人的危困地位牟取暴利或侵占债务人财产，但该约定的无效并不影响当事人有关提供担保的意思表示的效力，债权人仍对担保物享有优先受偿权，即债务人不能履行到期债务，债权人不能直接取得担保物的所有权，而是双方通过清算程序以实现担保物权的方式来达到双方权利和义务的平衡。实现担保物权的方式一般有折价、拍卖、变卖三种。对于拍卖、变卖两种方式，法律已经有相对规范成熟的操作规定。对于折价方式，《中华人民共和国民法典》中对抵押权、质权、留置权的实现均规定了“协议折价”。“协议折价”指当事人书面协议由专门的资产评估机构或者通过法院指定具有鉴定资质的鉴定机构对担保财产进行鉴定，并对双方的基础债权进行结算，在平等协商的基础上达成折价协议，以“多退少补”为原则，如果财产价值大于债权价值，由债权人向债务人支付相应差价，债权人依法取得担保财产的所有权；如果财产价值小于债权价值，债权人直接取得担保财产的所有权，债务人对剩余债权参照普通债权仍须承担还款责任。本案处理的关键是浦某辉自行搬离房屋行为是否构成“折价”。案涉债务到期后，双方并未就案涉房屋价值、借款本金及利息进行清算，而浦某辉搬离房屋的行为默示了房屋直接归债权人所有，违反了法律的强制性规定。故法院认定双方未履行清算义务，施某擅自处分担保物依法应根据双方过错程度承担相应的侵权责任。

让与担保是建立在信用基础上以财产权利转移为手段的一种担保方式，但本质上仍囿于担保的从属性，即履行强制清算义务仍是实现让与担保的必要条件。让与担保的“正名”，既是立法理念的进步，也彰显了其在市场经济中强大的生命力，有利于发挥司法裁判的价值引领功能。

编写人：江苏省启东市人民法院　潘小维

19

公司对外担保中相对人审查义务的边界

——某银行诉农副产品市场公司等金融借款合同案

【案件基本信息】

1. 裁判书字号

北京市第一中级人民法院（2020）京01民终339号民事判决书

2. 案由：金融借款合同纠纷

3. 当事人

原告（被上诉人）：某银行

被告（上诉人）：农副产品市场公司

被告：科技集团、矿业公司、吴某

【基本案情】

2014年3月31日，某银行与科技集团签订《额度贷款合同》，约定某银行向科技集团提供额度贷款，如科技集团未按合同约定履行对某银行的支付和清偿义务，则某银行有权要求保证人承担保证责任。同日，某银行与矿业公司、农副产品市场公司、吴某签订《最高额保证合同》，约定矿业公司、农副产品市场公司、吴某为科技集团上述借款合同项下债务向某银行提供连带责任保证。合同签订时，农副产品市场公司股东及持股比例分别为科技集团51.5%，刘某13%，潘某10%，吴某5%。吴某作为科技集团的股东，持股比例为55%。

某银行依约发放贷款，科技集团未依约还款。2017年6月26日，某银行分别向科技集团、矿业公司、农副产品市场公司、吴某发送《某银行催/还款通知书》，要求承担相应的还款和保证责任。

农副产品市场公司2013年8月31日及2014年12月31日的公司章程上，均由吴某作为法定代表人签字。《最高额保证合同》的签字页上，吴某作为农副产品市场公司的法定代表人签字，同时加盖了农副产品市场公司公章，农副产品市场公司对《最高额保证合同》的真实性不持异议。

某银行提交的农副产品市场公司的股东会决议显示“经股东会一致决定，同意农副产品市场公司为科技集团在某银行办理的2500万元整的流动资金贷款额度提供担保”，决议上有吴某、刘某、潘某签字字样，同时加盖了农副产品市场公司公章。

【案件焦点】

《最高额保证合同》中涉及农副产品市场公司部分的效力问题。

【法院裁判要旨】

北京市海淀区人民法院经审理认为，某银行与科技集团、矿业公司、农副产品市场公司、吴某签订的合同，未违反国家法律、法规效力性强制性规定，合法有效。科技集团作为借款人，未依约按期足额还本付息，构成违约，应承担违约责任。某银行依据合同取得抵押权并办理了抵押权登记，依法享有优先权。矿业公司、农副产品市场公司、吴某作为保证人，应当依照合同约定承担保证责任。

北京市海淀区人民法院依照《中华人民共和国民事诉讼法》第一百四十四条，《中华人民共和国合同法》第八条、第一百零七条、第二百零五条、第二百零七条，《中华人民共和国担保法》第十八条、第二十一条、第三十一条，《中华人民共和国物权法》第一百七十六条、第二百零三条、第二百二十九条规定，判决：

一、科技集团于本判决生效后十日内偿还某银行借款本金、利息并支付罚息和复利；

二、某银行有权就抵押物在第一项规定的科技集团的债务范围内优先受偿；

三、矿业公司、农副产品市场公司、吴某对第一项规定的科技集团的债务承担连带保证责任；

四、矿业公司、农副产品市场公司、吴某承担担保责任后，有权在其承担责任范围内向被告科技集团行使追偿权。

农副产品市场公司不服一审判决，提起上诉。

北京市第一中级人民法院经审理认为：农副产品市场公司为其股东科技集团提供担保，按照法律规定，担保事项必须经农副产品市场公司股东会决议。债权人某银行提供了贷款时其审核的股东会决议，农副产品市场公司就该份股东会决议的实质真实性及表决比例提出了抗辩，故此时需要解决的问题为，《最高额保证合同》签订时，针对农副产品市场公司提供保证部分，某银行是否善意。就此法院认为，某银行作为债权人，已经尽到了其对股东会决议的审查义务，在针对公司机关决议内容审查时，作为案外人的某银行，不可能实际参与到农副产品市场公司的内部决议事项中，故对其审查的要求应限定于形式审查，而非实质审查。本案中，某银行提交的股东会决议中，决议事项明确具体，债务人以外的三名自然人股东进行了签字，三名自然人股东的持股比例达28%，除去债务人科技集团，上述三名股东的表决权已过半数，足以证明某银行已尽必要的注意义务。针对农副产品市场公司的抗辩意见，一是股东会决议的真实性问题，包括决议时间缺失及刘某签字不真实，法院认为股东签字的真实性问题超出了债权人形式审查的合理性范畴，决议时间的缺失并不影响决议内容的整体效力。二是吴某作为科技集团的大股东，是否也应进行表决回避的问题。就此法院认为，前文已经论述债权人对公司决议的审查应限定于形式审查，《最高额保证合同》签订时，吴某虽然同时担任科技集团和农副产品市场公司的法定代表人，也同时作为二公司的股东，但从形式角度出发，案涉债务人系科技集团而非吴某个人，如果要求债权人对股东会决议的签字股东进行多层持股的穿透性审查，明显加重债权人义务，增加交易成本，《中华人民共和国公司法》第十六条亦未作出上述规定。同时，根据现有证据，并不足以证明某银行明知案涉股东会决议不真实，或某银行在签订《最高额保证合同》时存在明显恶意，根据《中华人民共和国合同法》第五十条的规定，应认定《最高额保证合同》合法有效。

因一审判决作出后，案涉《额度贷款合同》项下借款进行了部分清偿，故法院按核对金额仅对借款本金以及尚欠利息、复利、罚息部分予以改判。

北京市第一中级人民法院依照《中华人民共和国合同法》第五十条、第一百零七条，《中华人民共和国担保法》第十八条、第二十一条、第三十一条，《中华人民共和国物权法》第一百七十六条、第一百九十五条，《最高人民法院关于适用〈中华人民共和国民事诉讼法〉的解释》第九十条，《中华人民共和国民事诉讼法》第一百四十四条、第一百七十四条、第一百七十条第一款第二项规定，判决：

一、撤销北京市海淀区人民法院民事判决；

二、科技集团于本判决生效后十日内偿还某银行借款本金、利息并支付罚息和复利（截至2020年8月4日，借款本金为9190439.16元，利息、复利、罚息为8870623.45元；自2020年8月5日起的利息、罚息、复利按照《额度贷款合同》约定的标准支付至借款本金实际清偿之日止并以年利率24%为限）；

三、某银行有权就抵押物在上述第二项确定的科技集团的债务范围内优先受偿；

四、矿业公司、农副产品市场公司、吴某对上述第二项确定的科技集团的债务承担连带清偿责任；

五、矿业公司、农副产品市场公司、吴某承担保证责任后，有权在其承担责任范围内向科技集团追偿；

六、驳回某银行的其他诉讼请求。

【法官后语】

长期以来，关于公司对外担保合同订立中，相对人是否应当承担审查义务，如果承担审查义务是形式审查抑或实质审查，应当审查哪些事项，审查到何种程度等问题观点纷纭。《全国法院民商事审判会议纪要》（以下简称《九民会议纪要》）回应了司法实践中的困惑，认为相对人对公司机关的决议只需要进行“形式审查”，尽到必要的注意义务即可，标准不宜太过严苛，基本要求一是审查股东或者董事的身份是否属实，二是明确了对关联担保和非关联担保的善意判断标准，在关联担保的情况下，需要审查应当回避表决的股东是否参与了表决。

《最高人民法院关于适用〈中华人民共和国民法典〉有关担保制度的解释》较《九民会议纪要》的用词发生变化，规定善意相对人应进行“合理审查”，似乎进一步提高了相对人的注意义务。

但从“形式审查”到“合理审查”的变化，并不意味着相对人的义务需要上升到“实质审查”的高度。公司对外担保中对于相对人“善意”的要求，源自《中华人民共和国民法典》第五百零四条的规定，即除相对人知道或应当知道法定代表人超越权限外，法定代表人超越权限的代表行为有效，订立的合同对法人发生效力。其目的是要从相对人的角度，主动审查担保人的真实意思表示，尽力排除双方在订立合同时存在恶意串通损害公司、中小股东以及其他债权人利益的可能性。在司法实践中，“形式审查”与“合理审查”的区别，主要在于相对人证明标准的不同。前者只需要相对人举证证明其在形式上完成了审查工作，法院就可以据此认定其构成善意；后者则需要相对人证明其尽到了与合同注意义务相匹配的审查义务，才能证明其善意。至于如何审查相对人是否尽到了“合理审查”义务，不同案件之间的情况千差万别，《中华人民共和国民法典》及《最高人民法院关于适用〈中华人民共和国民法典〉有关担保制度的解释》并未给出统一的答案，需要结合不同案件的具体情况进一步判断。

本案中，相对人举证证明其已审查了担保人的股东会决议，担保人则针对股东会决议的表决比例提出了抗辩，双方对于相对人是否构成善意的争议焦点主要在于，相对人是否需要对股东会决议中的表决股东进行多层持股的穿透性审查。

从法律规定的角度而言，《中华人民共和国公司法》第十六条的立法目的在于防止法定代表人越权订立担保合同从而损害公司及股东的利益，仅要求被担保的股东或被担保的实际控制人所支配的股东不得参加表决。与此对应，《九民会议纪要》中亦只要求在关联担保的情况下，相对人需要审查应当回避表决的股东是否参与了表决。对于在股东会决议上的签字股东进行多层持股的穿透性审查，并无法律上直接明确的依据。

从促进交易的角度而言，关联交易在市场中普遍存在，立法也并未禁止，而关联担保只是众多关联交易类型中的一种，即使担保对于公司而言是纯负担行为，仍需兼顾交易效率及合同履行中双方的权利义务、法律经济环境等因素进行利益平衡。在确定相对人的注意义务时，应当采用恰当的中间尺度，如果要求过高，则其行为自由将受到限缩，市场交易的动力也会随之受阻。因此，如果在已经规定相对人需对应当回避的股东是否回避进行审查的基础上，还进一步要求其对参与表决的股东进行多层持股的穿透性审查，似乎过于苛刻，与经济合理原则相悖。

结合本案的具体情况进一步考察，在担保合同签订时，农副产品市场公司股东及持股比例分别为科技集团 51.5%，刘某 13%，潘某 10%，吴某 5%。假设考虑到吴某同时作为科技集团持股比例 55%的股东，在将其排除于表决权之外的情况下，刘某和潘某的持股比例也已经超过了剩余其他股东持股总数的过半数。

因此应当认为，当相对人已经按照现有规定，证明其在订立合同时对股东会决议进行了审查，被担保股东已回避表决，该项表决由出席会议的其他股东所持表决权的过半数通过，签字人员也符合公司章程规定的情况下，应当认定相对人已经尽到了合理审查的义务。

需要说明的是，在出席股东会议的表决股东同时系被担保人控股股东或实际控制人的情况下，该股东是否应当回避表决，则是另外涉及公司法对于关联交易如何规制的问题，由于不属于本案争议焦点，在此不再另行讨论。

编写人：北京市第一中级人民法院　王晴　曲建婷

20

股东会决议内容对外不构成其承担保证责任的自认

——某银行诉电器公司等金融借款合同案

【案件基本信息】

1. 裁判书字号

江苏省无锡市锡山区人民法院（2020）苏0205民初580号民事判决书

2. 案由：金融借款合同纠纷

3. 当事人

原告：某银行

被告：许某、沈某、电器公司

【基本案情】

2017年11月，许某向某银行申请汽车分期贷款，借款11万元，期限36个月，并约定了期内利息、逾期利息、分期手续费等。同时双方签订贷款抵押合同，约定许某以贷款所购汽车抵押给某银行，沈某向某银行出具《共同还款承诺》及《共有人承诺》。2017年11月8日，电器公司形成《股东会决议》，对许某的前述债务承担连带担保责任，并放弃物的担保优先行使的抗辩权，同时经全体股东签字并加盖电器公司公章。2019年1月，许某未按期还款，某银行提前宣布贷款到期，要求许某立即归还借款并支付利息及手续费，同时要求沈某承担共同还款责任，确认贷款所购汽车折价或以拍卖、变卖车辆的价款优先受偿，并要求电器公司对上述债务承担连带保证责任。

【案件焦点】

电器公司内部形成的《股东会决议》内容是否构成对外承担保证责任的自认，某银行是否能够据此要求电器公司承担连带保证责任。

【法院裁判要旨】

江苏省无锡市锡山区人民法院经审理认为：《股东会决议》的作出仅表明公司意思形成，系单方意思，并不调整公司与第三人之间的关系，在未以该意思表示与第三人订立法律行为前，并无法律约束力，此外，《中华人民共和国担保法》第十三条规定，保证人与债权人应当以书面形式订立保证合同，本案中某银行与电器公司未订立书面保证合同，故保证合同未成立，法院对某银行仅据电器公司所形成的《股东会决议》，要求电器公司承担连带保证责任的诉请，不予支持。

据此，江苏省无锡市锡山区人民法院依照《中华人民共和国合同法》第一百零七条、第一百九十六条、第一百九十八条、第二百零五条、第二百零六条、第二百零七条，《中华人民共和国担保法》第十三条、第十八条、第三十一条、第三十三条，《中华人民共和国民事诉讼法》第一百四十四条规定，判决：

一、许某、沈某于本判决生效后十日内向某银行给付截至2019年11月20日的借款本息72968.49元（其中本金70265元，利息2703.49元）、手续费6675.29元、自2019年11月21日起至实际给付之日止以本息72968.49元为基数按每日万分之五计算的利息及律师费15148元；

二、某银行有权对上述第一项债务及本案诉讼费以案涉汽车折价或以拍卖、变卖前述车辆的价款优先受偿；

三、驳回某银行的其他诉讼请求。

【法官后语】

股东会决议经股东按法定程序作出，且内容不违反法律、行政法规，即刻生效。股东会决议在股东层面，系股东之间按相关法律法规达成的多方合约，可以视为股东集体达成的共同意思表示，在各股东之间存在约束力；而在公司层面，公司为法律赋予权利义务的拟人体，为股东利益的集合，本身并无思想意识，需由股东会按法律及章程内部决策程序产生公司的意思表示，股东会系公司作出各项对内、对外行为的重要决策机构，但由于股东会作出的书面股东会决议仅是以书面的形式记录公司意思表示形成的过程情况，类似自然人在脑海中形成意识想法的过程，故股东会决议的形成仅表明公司形成了意思，在未对外作出相应法律行为之前，甚至可以按法律程序及章程进行变更、撤销，不具备该当性，且生效的股东会决议系单方意思，并不必然代表公司决定要向第三人表达，正如不能仅根据猜测自然人的臆想，而判断其行为，同理，股东会决议也不调整公司与第三人之间的关系。要调整这种关系，必须以公司的名义与第三人订立法律行为，形成为公司外部可知的权利外观。因此，股东会决议作为公司意思在向第三人表示并以该意思与第三人订立法律行为前，对第三人没有约束力。而股东会决议形成后，须经有权代表公司的机关依据股东会决议的内容与第三人发生法律关系，方可认定在公司层面已作出意思表示，该行为才对公司与第三人具有约束力。

此外，设定保证合同是保证人和债权人之间的法律行为，该种行为不仅要求当事人双方意思表示一致，还要求通过一定的法律形式表现出来，《中华人民共和国民法典》第六百八十五条规定："保证合同可以是单独订立的书面合同，也可以是主债权债务合同中的保证条款。第三人单方以书面形式向债权人作出保证，债权人接收且未提出异议的，保证合同成立。"明确了保证合同的要式性，均需以书面形式形成，债权人仅以行为人口头承诺、行为推定等其他形式主张行为人承担保证责任的，不应予以支持。

编写人：江苏省无锡市锡山区人民法院　周晟

21

阶段性保证条款系对保证责任终止所附解除条件约定

——某银行诉置业公司等金融借款合同案

【案件基本信息】

1. 裁判书字号

北京市第一中级人民法院（2020）京 01 民终 7317 号民事判决书

2. 案由：金融借款合同纠纷

3. 当事人

原告（上诉人）：某银行

被告：魏某芳、魏某明

被告（被上诉人）：置业公司

【基本案情】

置业公司系房地产开发商，2013 年 12 月 15 日，置业公司与魏某芳签署《商品房预售合同（商业、办公等非住宅类）》，约定置业公司向魏某芳出售房屋一套。同日，魏某芳填写某银行个人商用房贷款申请表。

2015 年 1 月 4 日，某银行（贷款人）和魏某芳（借款人）及置业公司（保证人）签署《个人购房借款/担保合同》，约定借款 129 万元，用于购买涉案房屋，还款方式为按月等额本息偿还并约定“借款人连续三个月或累计六次未按时足额偿还贷款本息的，贷款人可宣布未归还的借款和其他融资款项立即到期，要求借款人立即清偿未偿还款项及产生的利息、罚息及其他费用……置业公司承担阶段性连带责任保证：保证人对本合同项下全部贷款本金、利息、罚息、复利、违约金、补偿金、贷款人实现债权的费用和借款人所有其他应付费用承担连带保证责任，但满足包括不限于以下条件的，保证人对该项条件满足之日后到期的借款人债务免除保证责任：本合同第20.2条约定的正式抵押登记手续已办理完毕，且贷款人收到记载有上述正式抵押登记信息的房屋他项权证书。第20.2条约定，抵押物为尚未取得产权的房屋的，应在本合同签订之日起30日或贷款人另行要求的合理时间内办妥预售登记备案或抵押权预告登记手续。抵押人获得房屋所有权证书后，应在30日或贷款人要求的合理时间内办妥正式抵押登记手续。抵押人同意贷款人代为申请抵押权预告登记和正式抵押登记，相关登记事项如需抵押人协助，抵押人应履行必要的协助义务”。抵押物即涉案房屋。同日，某银行发放贷款。

2016年9月29日，置业公司将涉案房屋的所有权证书交与某银行。某银行于2016年10月17日将相应材料交房地产经纪公司代为办理抵押登记，后因房地产市场情况及黄牛扰乱业务办理秩序的影响，业务办理进度缓慢，并提交相应新闻报道截屏为证，另提交魏某芳同一批次办理抵押登记的不动产登记证明若干，载明的颁发时间为2017年4月6日至2017年12月27日。2017年4月20日，天津市东丽区人民法院对涉案房屋进行了司法查封。2017年8月，某银行将魏某芳办理抵押登记事宜交给新的代办机构办理，因该房屋被司法查封，抵押登记已无法办理。

借款人魏某芳分别于2015年9月至2017年12月5日五次逾期还款，自2018年4月5日，魏某芳未再归还借款。

【案件焦点】

阶段性保证的保证人如已履行合同约定义务，是否仍要在正式抵押登记手续办理完毕前承担保证责任。

【法院裁判要旨】

北京市石景山区人民法院经审理认为：关于本案中置业公司是否需要承担保证责任。首先，依照《个人购房借款/担保合同》第20.2条约定抵押人获得房屋所有权证书后，应在30日或贷款人要求的合理时间内办妥正式抵押登记手续。魏某芳之抵押登记系由某银行代为申请，从某银行收到置业公司交付的房产证直至涉案房屋被法院查封，已逾半年时间，在魏某芳已经连续出现多次逾期付款的情况下，仍未完成抵押登记，已超出了合理的办理时间，某银行系怠于履行合同义务。其次，依照《个人购房借款/担保合同》第 20.2 条的约定，办理抵押登记的主体为某银行和抵押人魏某芳，置业公司将涉案房屋所有权证交付给某银行后，其对于办理抵押登记事宜不具有任何义务，也无法控制办理抵押登记的时间进度，且从某银行提交的已经办理完成的不动产登记证明来看，其完全可能在房产查封日之前完成涉案房屋的抵押登记，及时解除置业公司的担保义务。最后，关于某银行主张因受 2016 年市场因素及不动产登记预约办理制度等影响导致未能及时办理抵押登记，考虑到抵押登记代办机构系某银行自行选定，合同中并未就此种情形约定为置业公司承担责任的事由，且关于房地产市场火热及不动产部门出现黄牛等新闻报道并不能成为涉案房屋不能办理抵押登记的合理理由。依据双方的合同，贷款人收到他项权利证书后，即免除置业公司的阶段性连带保证责任，而某银行怠于办理抵押登记的行为，应视为置业公司阶段性保证的保证责任免除条件成就，故置业公司无需对涉案借款承担保证责任。

北京市石景山区人民法院依照《中华人民共和国合同法》第八条、第六十条、第一百零七条，《中华人民共和国担保法》第十八条、第二十五条第二款，《中华人民共和国民事诉讼法》第一百四十四条规定，判决：

一、魏某芳、魏某明于本判决生效后十日内共同偿还某银行贷款本金 958964.25 元并支付利息、复利、罚息；

二、驳回某银行的其他诉讼请求。

某银行不服一审判决，提起上诉。

北京市第一中级人民法院经审理同意一审法院裁判意见，依照《中华人民共和国民事诉讼法》第一百四十四条、第一百七十条第一款第一项规定，判决：

驳回上诉，维持原判。

【法官后语】

随着房地产市场的蓬勃发展以及金融工具的更新迭代，阶段性保证也随之诞生、发展以及普遍适用。所谓阶段性保证，系贷款银行为保障放款日至按揭房屋产权证及抵押权证办理完毕并收执日之间贷款风险敞口期的贷款资金风险，要求由房屋开发商、房产中介或担保公司提供连带保证，条款一般表述为：某房产公司为本合同贷款向贷款人提供阶段性保证。保证期间为本合同生效之日（或贷款实际发放之日）起至借款人所购房产的房地产权证及他项权证办理完毕并交贷款人执掌之日止。设计雏形最早见于商业银行的贷款办法中，设立初衷在于降低因正式产权登记未完备导致的债权清偿风险，促使开发商及时完成项目开发建设、积极协助办理产权登记手续。①

对于阶段性保证中关于“保证期间”性质的有以下两种不同观点：

第一种观点认为，以担保合同中已有的书面约定为准，尊重当事人意思自治，只要借款人所购房产的房地产权证及他项权证尚未办理完毕或尚未交贷款人，合同约定的“阶段性保证”期限就尚未届满，故开发商仍需继续按约定承担保证责任。

第二种观点则认为，担保合同中对于阶段性保证的约定，并非对保证期间的约定，而是当事人对于“保证合同在何种情况下解除”问题的一种约定，其实质是对保证合同所附加的解除条件。

笔者持第二种观点，理由如下：

一、符合法理解释

根据《中华人民共和国民法典》第六百九十二条规定：保证期间是确定保证人承担保证责任的期间，不发生中止、中断和延长。债权人与保证人可以约定保证期间，但是约定的保证期间早于主债务履行期限或者与主债务履行期限同时届满的，视为没有约定；没有约定或者约定不明确的，保证期间为主债务履行期限届满之日起六个月。而购房抵押贷款合同中阶段性保证条款约定的

① （2015）浙温商终字第929号。

“保证期间”一般为贷款合同生效之日（或贷款实际发放之日）起至借款人所购房产的房地产权证及他项权证办理完毕并交贷款人执掌之日止，其往往早于主债务履行期限届满之时，与《中华人民共和国民法典》规定的保证期间并非同一概念。其保障的法益也限于贷款人在放款日至按揭房屋产权证及抵押权证办理完毕并收执日之间贷款风险敞口期的贷款资金风险，而非银行作为债权人于债务人（购房人）不能按期偿还按揭贷款时的法益。可见购房抵押贷款合同中阶段性保证条款系对保证责任所附解除条件约定，并非保证期间约定。

二、符合公平原则

如前所述，开发商阶段性保证设立的初衷在于降低债权清偿风险，敦促开发商完成项目。如开发项目已如期竣工，保证人取得房屋产权登记证并交付贷款人，应视为已完成合同义务。而房屋他项权利证书一般由贷款人及借款人办理，其办理过程不受保证人的控制。如保证人已履行约定义务，仍严格按照合同书面意思，要求其承担保证责任，显失公平。

因此，当保证人已按照合同约定履行义务（一般为将房地产权证交贷款人办理他项权证时），保证人有证据证明贷款人怠于或拒绝履行协助办证义务或拒绝收执的，按照民法典第一百五十八条“民事法律行为可以附条件，但是根据其性质不得附条件的除外。附生效条件的民事法律行为，自条件成就时生效。附解除条件的民事法律行为，自条件成就时失效”，第一百五十九条“附条件的民事法律行为，当事人为自己的利益不正当地阻止条件成就的，视为条件已经成就；不正当地促成条件成就的，视为条件不成就”之规定，视为解除条件已成就，保证人的保证责任终止。

编写人：北京市石景山区人民法院　倪莞

22

附条件免除部分连带共同保证人保证责任的法律效力

——张某诉文化公司、李某民间借贷案

【案件基本信息】

1. 裁判书字号

北京市第二中级人民法院（2021）京 02 民终 15431 号民事判决书

2. 案由：民间借贷纠纷

3. 当事人

原告（被上诉人）：张某

被告（上诉人）：文化公司

被告：李某

第三人：陈某、陈某勇

【基本案情】

2017 年 4 月 25 日，甲方（出借方）张某、乙方（借款方）文化公司、丙方（担保方）李某、陈某勇、陈某签署《借款协议》。约定：甲方应乙方要求，于 2017 年 4 月 25 日借款给乙方 470 万元。借款利率为每月 2%，若到期未足额还款，则未还款部分自逾期日后的利率计算调整为每月 5%。利息金额以实际出借日至实际收回日为收益计算期间。按协议还款计划计算，借款本息合计 4794000 元，其中本金 470 万元，利息 94000 元，且所有借款本息由丙方承担无限责任连带担保。后张某于 2017 年 4 月 27 日、5 月 2 日、5 月 3 日向文化公司账户转账支付 80 万元、200 万元、100 万元。

2018 年 9 月 13 日，张某与陈某勇、陈某签订《还款协议》，内容为：有关

文化公司与张某之间于2017年4月25日签订的《借款协议》，由陈某勇、李某、陈某作为担保方。现由于公司运营原因无力偿还。经双方友好协商，上述欠款中共计160万元的欠款，由陈某勇、陈某共同承担还款责任，陈某勇，陈某所承担部分为160万元，将分3次偿还欠款。不再计算利息。本协议自签署之日起，张某承诺《借款协议》作废，张某不再追究陈某勇、陈某除《还款协议》以外的任何责任。张某在《借款协议》中手写以下内容：依照2018年9月13日签订《还款协议》约定债务人陈某、陈某勇承担债务160万元，于2018年11月14日之前还清后，张某将不再追究《借款协议》中陈某勇和陈某的无限连带责任担保，此协议终止。

2018年11月14日，张某出具收款证明认可《还款协议》中标明的还款责任已全部履行完毕。张某认可2017年6月2日至2018年11月14日文化公司、李某、陈某勇、陈某共还款353万元。

【案件焦点】

1. 附条件债务免除的效力；2. 债权人免除部分连带共同保证人的保证责任的涉他效力。

【法院裁判要旨】

北京市东城区人民法院经审理认为：张某与文化公司、李某、陈某勇、陈某签订的《借款协议》，张某与陈某勇、陈某签订的《还款协议》，张某在《借款协议》中手写的内容，均是各方真实意思表示。张某向文化公司出借本金380万元后，文化公司、李某、陈某勇、陈某陆续偿还了本金353万元，各方对此均无异议。依据张某与陈某勇、陈某签订的《还款协议》，结合张某在《借款协议》手写的内容，若陈某、陈某勇在2018年11月14日前还清160万元后，张某将不再追究《借款协议》中陈某勇和陈某的无限连带责任担保，此协议终止，上述约定应当认定为附条件的债务免除。

一、关于陈某勇是否代表文化公司在《还款协议》上签字

陈某勇既为案涉债务的保证人，又是文化公司的法定代表人，但却并非文

化公司的唯一股东。《还款协议》中并未注明陈某勇以文化公司法定代表人的身份签字，且并未加盖文化公司的公章。故《还款协议》中陈某勇与陈某的签字应视为二人作为案涉债务的保证人签字，李某抗辩《还款协议》中张某与文化公司达成合意终止《借款协议》的意见不予采纳。张某并未明确表示免除借款人文化公司的债务，张某要求文化公司偿还剩余本金并依约支付借款期内利息的诉讼请求于法有据，予以支持。因借款人及保证人陆续偿还了部分借款本金，故逾期利息应以实际所欠本金为基数分段计算，对张某主张的逾期利息的起算时间依法予以调整。

二、关于《还款协议》是否免除了李某的还款义务

法院认为，债务免除系债权人的权利，债权人免除债务人部分或者全部债务的，合同的权利义务部分或者全部终止。本案中，李某、陈某勇、陈某作为保证人并未约定保证份额，为共同保证，三人之间并非按份之债，而系连带债务关系，债权人免除其中部分债务人的债务相当于免除其他连带债务人的共同债务。部分连带债务人的债务被债权人免除的，在该连带债务人所应承担份额范围内，其他债务人对债权人的债务消灭。因陈某勇及陈某还款 160 万元，张某作为债权人免除了连带保证人陈某勇、陈某的剩余债务，债务免除的效力及于李某。现张某要求李某就剩余本金及利息继续承担连带保证责任的诉讼请求于法无据，不予支持。

综上所述，北京市东城区人民法院经依据《中华人民共和国合同法》第六十条第一款、第一百零五条、第一百零七条、第二百零六条、第二百零七条；《中华人民共和国担保法》第十二条、第十八条、第二十一条；《最高人民法院关于适用〈中华人民共和国担保法〉若干问题的解释》第十九条；《最高人民法院关于审理民间借贷案件适用法律若干问题的规定》第二十九条第二款第一项规定，判决：

一、文化公司于本判决生效后十日内偿还张某借款本金 27 万元；

二、文化公司于本判决生效后十日内支付张某借款期内利息 76000 元及逾期利息；

三、驳回张某的其他诉讼请求。

文化公司不服一审判决，提起上诉。

北京市第二中级人民法院经审理同意一审法院裁判意见，依照《中华人民共和国民事诉讼法》第一百七十条第一款第一项规定，判决：

驳回上诉，维持原判。

【法官后语】

同一债务有两个以上保证人的，为共同保证。共同保证是指保证人之间的相互关系，根据保证人之间为按份关系或是连带关系，可分为按份共同保证与连带共同保证。对于连带共同保证，当债权人附条件地免除了个别连带责任保证人的保证责任时，该债务免除行为的效力以及是否及于其他连带保证人，上述问题为司法实践中的争点及难点。

一、附条件的债务免除合法有效

债务免除是债权人放弃债权的行为，是债消灭的原因之一。《中华人民共和国民法典》第五百五十七条规定，债权人免除债务人部分或者全部债务的，债权债务部分或者全部终止，但是债务人在合理期限内拒绝的除外。债务免除系债权人单方法律行为，债权人有权免除个别保证人的保证责任，法律未规定债务免除不得附有条件或者期限，免除债务对债务人利益无害，若债务人（包含保证人）对所附条件或期限不愿接受，可以在合理期限内作出拒绝的意思表示。本案中，债权人向三位连带责任保证人中的陈某及陈某勇发出了如果限期内偿还部分债务，则免除其全部保证责任的意思表示，该行为应视为附条件的免除债务，当保证人依约限期偿还了部分债务，则免除其全部保证责任的条件已成就，债务免除行为合法有效。

二、该类案件的处理建议

根据《中华人民共和国民法典》第五百二十条第二款规定："部分连带债务人的债务被债权人免除的，在该连带债务人应当承担的份额范围内，其他债务人对债权人的债务消灭。"当债权人免除部分连带债务人的债务时，在该连带债务人应当承担的份额范围内，其他连带债务人对债权人的债务消灭。该条规定系《中华人民共和国民法典》新增规定，因此连带共同保证人之间如何确定各自份额这一问题值得注意。根据《中华人民共和国民法典》第七百条、《最高人民法院关于适用〈中华人民共和国民法典〉有关担保制度的解释》第十三条之规定，应尊重当事人约定并兼顾公平，有约定从约定，无约定且不能达成一致的情况下，应当按照比例公平分配，即保证人之间平均分担。平均分担亦符合《中华人民共和国民法典》第五百一十九条第一款“连带债务人之间的份额难以确定的，视为份额相同”规定的精神。故债权人免除部分连带共同保证人保证责任的，应视为在其应当承担的内部份额范围内，免除全部保证人的保证责任。份额的确定遵从当事人约定，无约定则根据保证人数量平均分担。

编写人：北京市东城区人民法院　郝笛　刘宇佳

23

物保与人保并存情况下保证人的信赖利益保护

——唐某洪诉裴某兵、朱某峰民间借贷案

【案件基本信息】

1. 裁判书字号

湖北省宜昌市中级人民法院（2020）鄂05民再9号民事判决书

2. 案由：民间借贷纠纷

3. 当事人

原告（被上诉人）：唐某洪

被告（上诉人）：朱某峰

被告（被上诉人）：裴某兵

【基本案情】

2014年4月22日，唐某洪与裴某兵签订借款合同，约定裴某兵向唐某洪借款200万元，借款期限两个月，裴某兵以其在建材公司全部股权250万元为借款提供质押担保。签约后，唐某洪与裴某兵并未就该股权质押进行工商登记。当日，唐某洪与裴某兵、朱某峰订立借款担保合同，约定朱某峰为上述借款承担连带责任保证担保，保证期间两年。次日，唐某洪向裴某兵转账200万元。2015年10月22日，裴某兵与唐某洪经结算后出具《欠据》并订立还款协议，载明尚欠唐某洪借款本金111.738295万元，定于2016年1月21日前一次性清偿。

2015年1月30日，裴某兵分别与案外人王某、裴某签订股权转让协议，将其所持有的建材公司50%股权，以150万元转让30%股权给裴某，以100万元转让20%股权给王某。2月4日，转让给裴某的30%股权办理了工商变更登记。3月9日，因执行裴某债务案，湖北省宜都市人民法院作出（2015）鄂宜都民初字第00505号民事裁定，冻结该股权。后经评估、拍卖，法院于2016年11月14日作出（2015）鄂宜都执字第00741-2号执行裁定，裁定登记在裴某名下的建材公司30%股权及相应权利归买受人谢某武所有。2017年1月9日，该股东变更办理了工商登记。

本案原审判决发生法律效力后，湖北省五峰土家族自治县人民法院于2019年3月5日作出（2019）鄂0529民监1号民事裁定，再审本案。

【案件焦点】

1. 质押与担保并存，债务人提供的股权质押未设立，保证人应否在质押担保的范围内部分或全部免除保证责任；2. 如果部分或全部免除保证责任，保证人具体的免责范围应如何认定。

【法院裁判要旨】

湖北省五峰土家族自治县人民法院经审理认为：1. 关于借款本息数额和利率的问题。唐某洪与裴某兵双方约定的月利率2.5%（即年利率30%）超过了受司法保护的民间借贷年利率24%的最高限额，但唐某洪对尚未给付的利息自愿调整为按月利率2%（年利率24%）计算，符合相关法律规定，也未加重朱某峰的保证责任，予以许可。2. 关于股权质押问题。根据《中华人民共和国物权法》第二百二十六条规定，唐某洪与裴某兵双方拟设定的质权因未登记而未设立，唐某洪无权行使质权。3. 关于律师费的问题。律师费属《最高人民法院关于审理民间借贷案件适用法律若干问题的规定》第三十条规定所指的“其他费用”。案涉借款合同约定的借款利率已超过年利率24%的法律规定，故对唐某洪超过年利率24%的律师费用的主张不予支持。4. 关于朱某峰的保证责任问题。唐某洪与裴某兵和朱某峰签订的借款担保合同约定，担保人承担连带责任的保证担保。朱某峰认为唐某洪和裴某兵之间存在恶意串通，欺骗朱某峰提供担保的主张无证据支持，不予采信。股权质押因未登记而未设立，裴某兵的股权因转让、被执行现已不存在，唐某洪已丧失主张质权的权利，且朱某峰与唐某洪签订的借款担保合同系独立存在，不以裴某兵与唐某洪签订股权质押合同为前提和条件，故朱某峰应对借款合同项下的债务承担连带保证责任，其保证责任并不因唐某洪和裴某兵签订借款合同时曾订立质押条款而免除。

湖北省五峰土家族自治县人民法院依照《中华人民共和国合同法》第六十条第一款、第一百九十六条、第一百九十八条、第二百零五条、第二百零六条、第二百一十一条第二款，《中华人民共和国物权法》第二百二十六条第一款，《中华人民共和国担保法》第六条、第十八条、第二十一条第一款、第三十一条，《最高人民法院关于适用〈中华人民共和国担保法〉若干问题的解释》第三十条、第四十二条，《最高人民法院关于审理民间借贷案件适用法律若干问题的规定》第二十六条、第三十条，《中华人民共和国民事诉讼法》第一百四十四条规定，判决：

一、撤销湖北省五峰土家族自治县人民法院民事判决第一项，变更为：裴某兵于判决生效之日起十日内返还唐某洪借款本金111.738295万元，并按年利率24%支付2015年6月22日至判决确定的给付本金之日止的利息；

二、撤销湖北省五峰土家族自治县人民法院民事判决第二项，变更为：朱某峰对裴某兵的上述债务承担连带清偿责任。朱某峰承担清偿责任后有权向裴某兵追偿；

三、驳回唐某洪的其他诉讼请求。

朱某峰不服一审判决，提起上诉。

湖北省宜昌市中级人民法院经审理认为：

一、关于债务人提供的股权质押未设立，保证人应否在质押担保的范围内部分或全部免除保证责任的问题

《中华人民共和国物权法》第一百七十六条规定："被担保的债权既有物的担保又有人的担保的，债务人不履行到期债务或者发生当事人约定的实现担保物权的情形，债权人应当按照约定实现债权；没有约定或者约定不明确，债务人自己提供物的担保的，债权人应当先就该物的担保实现债权；第三人提供物的担保的，债权人可以就物的担保实现债权，也可以要求保证人承担保证责任。提供担保的第三人承担担保责任后，有权向债务人追偿。"本案中，唐某洪与裴某兵订立合同后并未就约定的裴某兵在建材公司的全部股权到工商部门办理出质登记，双方拟设定的质权因未登记而未设立。保证人朱某峰基于前述法律规定对其仅就债权人实现担保物权后仍未受清偿的部分债权承担保证责任存在合理信赖，由此产生的保证人的信赖利益应受法律保护。保证人因信赖利益保护而享有的免责范围，应依据债权人（质权人）、债务人（出质人）、保证人各方过错情况，在债务人提供的物的担保范围内部分或全部免除保证人的保证责任。本案各方并无证据证实案涉股权质押未办理登记的责任系债权人唐某洪未积极要求办理还是债务人裴某兵怠于履行，双方均存在过错，而保证人朱某峰作为时任出质股权对象建材公司的经理，其对案涉股权质押事宜理应明知，且亦有条件知悉办理股权质押登记的进展情况，其对自身信赖利益受损害亦有过错。故应由唐某洪、裴某兵、朱某峰对朱某峰信赖利益受损各承担三分之一的责任，朱某峰可在案涉股权质押担保三分之二的范围内免除保证责任。

二、关于保证人朱某峰具体免责范围或额度的认定问题

根据《中华人民共和国物权法》关于质押担保的相关规定，在质权正常设

立情况下，质押担保债务的额度应以质权人实现质权时质物的市场价值为限。虽然本案朱某峰并未提供案涉借款到期时（即债权人可实现质权时）案涉质押股权市场价值的证据，但一方面，在债权人唐某洪与债务人裴某兵签订的借款合同中对全部质押股权250万元价值已明确；另一方面，裴某兵于案涉借款到期后的2015年1月30日向案外人转让案涉股权的总价款亦为250万元，故可以认定案涉借款2014年6月21日到期时案涉质押股权的市场价值为250万元，即本案所涉质押担保债务的额度可认定为250万元。依前述，保证人朱某峰可按250万元的三分之二在1666666.67元额度内免除保证责任。

湖北省宜昌市中级人民法院依照《中华人民共和国合同法》第六十条第一款、第二百零五条、第二百零六条、第二百零七条、第二百一十一条，《中华人民共和国物权法》第一百七十二条第一款、第一百七十六条、第二百一十九条第二款、第二百二十一条、第二百二十六条第一款，《最高人民法院关于审理民间借贷案件适用法律若干问题的规定》第二十六条、第三十条，《中华人民共和国民事诉讼法》第一百七十条第一款第二项规定，判决：

一、维持湖北省五峰土家族自治县人民法院民事判决第一项，即裴某兵于判决生效之日起十日内返还唐某洪借款本金111.738295万元，并按年利率24%支付2015年6月22日至判决确定的给付本金之日止的利息；

二、撤销湖北省五峰土家族自治县人民法院民事判决第二项、第三项，即朱某峰对裴某兵的上述债务承担连带清偿责任，朱某峰承担清偿责任后有权向裴某兵追偿，驳回唐某洪的其他诉讼请求；

三、朱某峰对本判决第一项所确定的裴某兵的给付义务扣除1666666.67元后的剩余部分承担连带保证责任，朱某峰承担保证责任后，有权向裴某兵追偿；

四、驳回唐某洪的其他诉讼请求。

【法官后语】

本案讨论的重点是债务人物保和保证人人保并存情况下保证人的信赖利益保护问题。

第一，关于债务人物保和保证人人保并存情况下保证人信赖利益的存在基础。我国法律关于混合共同担保情形下的债权实现规则经历了一定的演变过程后，确立了《中华人民共和国物权法》第一百七十六条的法律规定。《中华人民共和国民法典》第三百九十二条规定沿袭了上述规定。基于对意思自治的尊重和激发经济活力的考虑，对于混合共同担保情形下担保物权的实现规则确立了当事人约定优先原则，该种约定可以是针对担保权的行使顺序，也可以是关于不同担保权的责任份额承担，只要当事人协商一致，法律并无理由不予支持。然而，如果当事人没有约定或约定不明，此时即应考虑物上保证人的法律地位并对担保权的行使顺序加以规定，从而确保担保制度的实现。具体来说，从法律地位来看，无论是一般责任保证还是连带责任保证，保证人仅对债务承担补偿性责任，而债务人才是债务的终局承担者，故在债务人自身已经提供物保的情况下，理应由债权人就债务人物保优先受偿，而不应再赋予债权人以实现顺序选择权，以体现公平原则，维护保证人的合理利益，同时亦避免保证人承担保证责任后转而向债务人追偿，徒增交易成本。因此，在债务人提供物保与第三人提供保证并存情形下，如当事人未就债权的实现顺序进行约定，则债权人应首先依债务人提供的物保实现其债权，保证人基于相信债务人物保的优先实现对其仅就债权人实现担保物权后仍未受清偿的部分债权承担保证责任存在合理信赖，由此产生的保证人的信赖利益应受法律保护。反之，如担保物权最终因未能登记而未设立，则保证人有关其仅就债权人实现担保物权后仍未受清偿的部分债权承担保证责任之目的即会落空、信赖利益即会受损，并有可能使保证人成为债务的最终承担者。

第二，基于民法“有权利必有救济”的基本价值理念，权利（利益）一旦被侵犯，法律理应提供一定的救济渠道。而权利的救济方式，既可以表现为积极的补偿，即权利人依据自己的行为和意思主张使受损的权益得以补偿；也可以是消极的免责，即权利人请求他人作为或不作为一定的行为来辅助自己以避免更大范围损失的发生。就债务人物保与保证人人保并存情形下保证人的信赖利益而言，保证人在其预期的合理信赖利益已然落空的情况下，其权利救济的方式即表现为保证责任的相应免除，从而实现对权利的保护和各方利益的平衡。

第三，市场经济的健康有序发展，离不开民法的保驾护航。《中华人民共和国民法典》施行后，担保制度的功能定位，不仅限于保障债权实现，降低信用风险这一传统价值，随着我国市场经济体制的逐渐完善，营商环境的不断优化，担保制度对规范民商事法律行为，维护社会经济秩序，拓宽中小企业融资渠道，促进商品流通和经济繁荣都具有更加积极深远的影响。因此，作为市场经济主体，无论是借贷关系中资金供需双方的债权人、债务人，还是为促进交易顺利进行的担保人，理应按照诚实信用原则，规范理性从事交易行为，充分利用市场资源。反之，如果民商事主体在市场交易活动中怠于行使相应权利，未能按照约定全面履行自己的义务，不仅不利于当事人自身权益，更将削弱市场主体参与经济活动的积极性，不应得到鼓励，且需视过错情况承担相应的违约责任或侵权责任，以利于社会经济有序高效运行。本案中，债权人（质权人）、债务人（出质人）、保证人对案涉股权质押未办理登记并导致保证人信赖利益受损均存在过错。而债务人物保及保证人人保并存情形下，保证人信赖利益受损在本质上系债权人、债务人在担保物权设立过程中对保证人信赖利益的侵害，侵权法上的过错责任原则理应成为有效厘清各方责任的一般原则。二审法院根据各方当事人的过错情况，裁量由三人对保证人信赖利益受损各承担三分之一的责任，免除保证人在案涉股权质押担保债务三分之二范围内的保证责任，实现了对当事人合理信赖利益的保护，体现了民商法维护交易安全、降低交易风险之基础价值，又兼顾了公平原则，平衡了复合担保情形下各方当事人的利益。同时从长远看，也宣示复合担保情形下各方当事人应积极审慎履行各自的义务，避免担保制度落空，彰显了《中华人民共和国民法典》担保制度保障债权实现这一核心要义，有利于培植市场主体守信践诺的契约精神，营造稳定、公平、有序的营商环境，为经济高质量发展提供法治保障。

编写人：湖北省宜昌市中级人民法院　王春柳

24

让与担保的构成要件和裁判规则

——宋某诉李某礼、李某英民间借贷案

【案件基本信息】

1. 裁判书字号

北京市东城区人民法院（2020）京0101民初1079号民事判决书

2. 案由：民间借贷纠纷

3. 当事人

原告：宋某

被告：李某礼、李某英

【基本案情】

2014年1月6日，宋某与李某礼签订《借款协议》，约定李某礼向宋某借款300万元，年息20%。此后，双方于2015年1月5日、2016年1月4日、2016年12月6日分别签订续借协议，借款至2018年1月6日，约定每月支付利息5万元。李某礼仅支付利息至2019年4月。2016年12月，李某礼又向宋某新增借款1000万元，12月7日出具借据，借款期限一年，年息200万元。借款由案外人王某提供。2017年12月5日，双方再次签署续借款协议，约定还款期限及利息支付等相关事项，2018年10月28日，宋某（甲方）、张某（乙方）、李某礼（丙方）再次签订备忘录一份，约定李某礼于2018年12月30日前归还甲方1000万元一年的利息200万元，或归还1300万元，宋某同意免除张某的两年利息……2019年1月12日，李某英（出让方）与宋某、张某（均为受让方）、李某礼（债务人）签订股权转让协议，约定李某英将其持有的燃

气公司股权的49%转让给宋某，作为李某礼的债务保证。股权转让价款为20738727元，各方确认本次股权转让无须实际出资。

【案件焦点】

1.《股权转让协议》的性质如何认定；2.李某英在本案中承担怎样的法律责任。

【法院裁判要旨】

北京市东城区人民法院经审理认为：让与担保应以合同约定的标的物实际转移或者登记公示为成立要件。股权转让协议的目的虽是对李某礼向宋某的债务提供担保，但在双方未办理股权转移登记的情况下，并不成立让与担保的法律关系。

本案为民间借贷纠纷，宋某要求李某英继续履行该转让协议，并承担违约责任的诉讼请求，应在本案民间借贷纠纷处理完毕后，李某英不能按时履行债务的情况下另行处理。

综上，北京市东城区人民法院依照《中华人民共和国合同法》第六十条、第一百零七条、第二百零五条、第二百零六条、第二百零七条规定，判决：

一、李某礼于本判决生效后十日内，偿还宋某借款本金1300万元；

二、李某礼于本判决生效后十日内，向宋某支付上述借款本金的借款利息（截至2019年12月6日的借款利息为640万元，自2019年12月7日起至实际清偿之日止，以上述欠款本金为基数，按照年利率20%计算）；

三、驳回宋某的其他诉讼请求。

【法官后语】

让与担保在《中华人民共和国民法典》中尚无明确规定，留待理论和实践的丰富。但是《最高人民法院关于适用〈中华人民共和国民法典〉有关担保制度的解释》第六十八条、第六十九条被认为确立了让与担保制度的“合法地位”。根据《全国法院民商事审判工作会议纪要》规定，债务人或者第三人与债权人订立合同，约定将财产形式上转让至债权人名下，债务人到期清偿债务，债权人将财产返还给债务人或第三人，债务人到期没有清偿债务，债权人可以对财产拍卖、变卖、折价偿还债权的，人民法院应当认定合同有效。通过上述规定，可知让与担保的关键有二：一是当事人之间存在真实的债权债务关系；二是当事人之间通过形式上转移所有权的方式实现担保的意思表示。

一、目前司法实践中关于“让与担保”呈现出多种表现形式

1. 狭义的让与担保。以（2019）最高法民再304号案件为例，当事人以签订合同的形式缔结了民间借贷合同关系，又以签订买卖合同的方式为债权作担保，同时通过预告登记的行为确定转移房屋所有权，属于狭义的让与担保形式。

2. 卖渡担保。以（2013）民提字第135号案件为例，卖渡担保通常是为了融资需要，以买方向卖方支付买卖合同中标的物对价（货款）的形式，为卖方提供借款融资。买卖双方通常会在协议中约定回购条款或解除条款。约定回购条款的双方，满足回购条款，则价款返还给买方，买卖合同中标的物的所有权归还给卖方。约定解除条款的双方，通常会约定在一定期限内由卖方解除合同，将这笔对价（货款）返还给买方，则买卖合同中的标的物归还给卖方，有的还会给付相应的费用补偿。反之，则买卖合同项下的标的物不再归卖方所有。但以上这两种方式均不是以买卖为目的的合同，而是以回购或者附期限、附条件的解除权来达到融资的目的的担保。这类案件虽然形式上不存在借贷合同，但实质上是通过签订买卖合同并实质转让所有权的方式，为卖方提供借款融资做担保的。

3. 后让与担保。后让与担保与让与担保的不同在于“后”字。让与担保系先行转让所有权，后让与担保则是约定债务人如不能按时还款，则在条件具备的情况下将相应财产转让给债权人，转移所有权的行为在后。因此，这种未提前转移所有权的担保方式为后让与担保。

最高人民法院认为，让与担保分为狭义和广义，广义上的让与担保包括狭义的让与担保和卖渡担保。后让与担保因未提前转移所有权，不构成让与担保的表现形式。随着金融市场的发展，可能还会出现更多“让与担保”的表现形

式，但法官还应把握让与担保构成的两个关键，在众多案件中予以区分。

二、让与担保的“让与”行为仅具有对外公示效力

担保的本质是为了确保债权的顺利实现，担保的作用是使债权人对担保物获得排除第三方的权利，让与担保也不例外。就一般的动产让与担保而言，交付即转让所有权，对于不动产的让与担保和特殊的动产让与担保（如依法可以转让的股权），笔者认为其本质是与不动产抵押或权利质押相同的。不动产抵押登记可以使被登记抵押合同的债权具有对抗第三人的效力，最终目的是确保被抵押不动产只对被登记的债权发生效力。权利质押的登记目的亦是如此。而不动产让与担保或股权让与担保中的转移所有权，虽然将所有权名义上登记至债权人名下，却并不享有实际的所有权。以股权让与担保为例，判断登记至股东名册的股东是否是基于让与担保成为股东的重要标准就是其是否实际参与公司实际经营，参与利润分配等。若其实际参与公司经营管理，则不能构成让与担保。由此可知，让与担保权人只是名义上的所有权人，让与担保是为了确保债权的实现而发生的。

因此，让与担保中的所有权转移登记行为或者交付行为起到的都是公示作用，都是为了使债权获得对抗第三人的效力。若将来债权不能实现，债权人有权对被登记财产或被转移所有权财产主张权利。

三、关于让与担保案件的裁判规则

关于构成让与担保的案件，目前可依据的法律规定有 2021 年 1 月 1 日起施行的《最高人民法院关于适用〈中华人民共和国民法典〉有关担保制度的解释》第六十八条，债务人或者第三人与债权人约定将财产形式上转移至债权人名下，债务人不履行到期债务，债权人有权对财产折价或者以拍卖、变卖该财产所得价款偿还债务的，人民法院应当认定该约定有效。当事人已经完成财产权利变动的公示，债务人不履行到期债务，债权人请求参照民法典关于担保物权的有关规定就该财产优先受偿的，人民法院应予支持。

关于不构成让与担保的案件，目前可参考的是《最高人民法院关于审理民间借贷案件适用法律若干问题的规定》第二十三条关于买卖合同作为民间借贷

合同担保的相关规定。该条规定明确法官应当按照基础法律关系审理，待作出的判决生效后，出借人可以申请拍卖买卖合同标的物以偿还债务。

本案中，宋某与李某英因未完成权利变动公示，股权未变更至宋某名下，所以本案无法按照让与担保的法律关系审理，只能待本案判决生效，李某礼不履行债务的情况下另行处理。

编写人：北京市东城区人民法院　陈春生　张萌萌

25

保证期间从自主合同履行期限提前届满日起开始计算

——机械公司诉全某、张某买卖合同案

【案件基本信息】

1. 裁判书字号

重庆市第五中级人民法院（2020）渝05民终8396号民事判决书

2. 案由：买卖合同纠纷

3. 当事人

原告（被上诉人）：机械公司

被告（上诉人）：张某

被告：全某

【基本案情】

全某作为买受人向机械公司购买挖掘机一台，采取分期方式付款。张某为货款提供连带责任保证，保证期间为合同履行期限届满之日两年。挖掘机交付后，全某未按照合同约定支付货款。2014年5月16日，机械公司收回挖掘机，并给予全某15天宽限期，明确15日内未与机械公司结清逾期欠款的，机械公

司有权通过变卖所收回的设备用于偿还逾期欠款。6 月 1 日宽限期届满后，全某未能结清欠款，机械公司遂将挖掘机出卖给案外人。

【案件焦点】

分期付款债务中，债务人违约导致主债务履行期限提前届满，保证期间的起算问题。

【法院裁判要旨】

重庆市九龙坡区人民法院经审理认为：机械公司与全某之间的买卖合同，机械公司与张某之间的保证合同系当事人的真实意思表示，合法有效。全某应该按照合同约定支付货款及其逾期付款损失，同时张某应该按照约定承担担保责任。

重庆市九龙坡区人民法院依照《中华人民共和国合同法》第一百零七条、第一百一十四条，《中华人民共和国担保法》第十八条、第二十一条规定，判决：

一、全某支付机械公司货款本金 306224 元；

二、全某支付机械公司按照一定标准计算的逾期付款违约金；

三、张某对全某的上述债务承担连带清偿责任。

张某不服一审判决，提起上诉。

重庆市第五中级人民法院经审理认为：本案的争议焦点为保证期间的起算问题。《最高人民法院关于适用〈中华人民共和国担保法〉若干问题的解释》第三十条第二款明确规定，债权人与债务人对主合同履行期限作了变动，未经保证人书面同意的，保证期间为原合同约定的或者法律规定的期间。对于因债务人违约导致主债务履行期限提前届满，保证期间应从原合同约定的债务履行期届满之日起算，还是从提前届满之日起算，法律和司法解释均未作出明确规定。主合同双方擅自变更主债务履行期限是保证人所无法预料的，而履行期限非应当事人约定而变更，是保证人在提供保证时应当预计的风险。保证期间应从主债务履行期限提前届满日起算。本案中，因全某的违约行为导致主债务履行期限届满时间为 2014 年 6 月 1 日。现机械公司未举证证明其于 2016 年 6 月 1

日前向张某主张过权利，张某免除保证责任。

重庆市第五中级人民法院依照《中华人民共和国民事诉讼法》第一百七十条第一款第二项规定，判决：

一、维持重庆市九龙坡区人民法院民事判决第一项、第二项；

二、撤销重庆市九龙坡区人民法院民事判决第三项；

三、驳回机械公司的其他诉讼请求。

【法官后语】

保证期间问题，在保证法律制度中占据核心地位，所有保证债务均有保证期间的适用。债权人未在保证期间内依法行使权利的，保证债务消灭。基于此，人民法院在审理保证合同纠纷案件时，应当将保证期间是否届满等事实作为案件基本事实予以查明，审查的关键在于保证期间的起算点和长度。本案中，保证期间长度已无争议，案件处理的关键在于保证期间的起算，对此可以基于主合同履行期限提前届满和主合同解除两个角度进行分析。

一、主合同解除时保证期间的起算问题

担保从属性，是担保制度的核心制度，主合同内容的变更必然影响作为从合同的担保合同。《中华人民共和国民法典》第五百六十六条第三款规定："主合同解除后，担保人对债务人应当承担的民事责任仍应当承担担保责任，但是担保合同另有约定的除外。"由上可知，主合同解除的，债务人和担保人仍需要按照合同解除的法律后果承担担保责任。即主合同解除后，已经履行的，根据履行情况和合同性质，当事人可以请求恢复原状或者采取其他补救措施，并有权请求赔偿损失。主合同因违约解除的，解除权人可以请求违约方承担违约责任，这里的责任属于《中华人民共和国民法典》第六百八十一条规定的债务不履行责任。

在主合同解除的情形之下，保证期间如何计算，实际上，主债务人因主合同解除所应承担的民事责任，发生于主债务履行期限届满之前，保证期间应从债权人可得主张因主合同解除的民事责任之日起开始计算。本案中，全某逾期付款构成逾期违约，机械公司在享有合同解除权的情况下，并未直接行使合同解除权，而是给予宽限期，届满后仍然无法付款的，不仅解除合同，还将变卖挖掘机清算后用于偿还债务。故本案合同解除时间为 2014 年 6 月 1 日，保证期间为 2014 年 6 月 1 日至 2016 年 6 月 1 日。现机械公司未举证证明其于保证期间内向张某主张过权利，张某遂免除保证责任。

二、主合同履行期限提前届满时保证期间的起算问题

从担保从属性的角度看，主合同是保证人承担责任的前提和基础，当主合同发生变更时，保证合同的内容也随之变更。正因如此，可能会出现债务人和债权人合谋变更主合同损害保证人利益的情况。为此，《中华人民共和国民法典》第六百九十五条第一款规定主合同内容发生变更，加重保证人责任的，保证人对加重部分不承担保证责任。同时，《中华人民共和国民法典》第六百九十五条第二款作例外规定，即主合同履行期限的变更，未经书面同意的，保证期间不受影响。本案从表面上看，主合同履行期限发生变更，应该援引《中华人民共和国民法典》第六百九十五条第二款规定，适用原合同约定计算保证期间，实则不然。

《中华人民共和国民法典》第六百九十五条第二款适用的情形是主合同当事人约定变更主合同的情形，主合同条款因法定情形发生变更的，不属于上述条款规范的内容。《中华人民共和国民法典》第五百七十八条规定了逾期违约制度，明确规定在当事人一方存在法定违约情形时，另一方当事人可以要求承担相应的违约责任，其中包括货款履行期限提前届满。因此，本案中履行期限的提前届满属于法定情形，自然不适用《中华人民共和国民法典》第六百九十五条规定的情形。因此本案中张某因违约，保证期间起算点时间为变更后的合同履行期限届满日，即 2014 年 6 月 1 日。

可见，无论是按照合同解除说，还是按照主合同履行期限提前届满说，保证期间的起算日均为变更后的合同履行期限届满日。

编写人：重庆市高级人民法院　王晓利

重庆市第五中级人民法院　杨曦

26

保证人恶意处分财产权益害及债权实现的，债权人可以行使撤销权

——蔡某诉高某英等债权人撤销权案

【案件基本信息】

1. 裁判书字号

江苏省无锡市中级人民法院（2020）苏02民终2392号民事判决书

2. 案由：债权人撤销权纠纷

3. 当事人

原告（被上诉人）：蔡某

被告：高某英、章某刚、章某人

第三人（上诉人）：高某生

【基本案情】

高某生与周某系夫妻关系，高某英系高某生的女儿。2017年1月1日，高某英出具《还款书》，载明结欠高某生688.8万元，其中本金492万元，2013年至2016年利息196.8万元，现以房产抵偿。双方确认案涉房屋抵押登记所涉债权系《还款书》载明的款项。

2017年1月8日，高某生（甲方）与高某英、章某刚（乙方）签订《抵押借款协议》，约定高某英向甲方借款500万元，乙方将房屋抵押给甲方。同日，高某生（甲方）又与高某英、章某刚、章某人（乙方）签订《抵押借款协议》，约定高某英向甲方借款400万元，乙方将房屋抵押给甲方。2019年11月4日，双方就上述两处房屋分别办理了抵押登记，抵押权人均为高某生。

2018 年 10 月 12 日，蔡某向江苏省无锡市锡山区人民法院起诉。高某英陈述其向高某生的借款实际发生在 2012 年至 2013 年，借款后又转借给张某，有张某的签收记录。其于 2015 年、2016 年向张某催讨借款时遭到推诿。2017 年其将案涉房屋抵押给高某生时，除了两套房屋外没有其他价值较高的财产。高某生陈述其是机械公司股东，因机械公司拆迁获得高额拆迁款，其出借给高某英的款项中 130 万元系周某银行卡上的款项，周某的银行卡实际由高某英使用。高某生未提供证据对银行卡交付事实予以证明。

经审理，江苏省无锡市锡山区人民法院作出（2018）苏 0205 民初 5483 号民事判决，张某归还蔡某借款本金 372 万元及利息，高某英对张某的还款义务承担连带责任。后张某提起上诉，江苏省无锡市中级人民法院作出（2019）苏 02 民终 2182 号民事判决，驳回张某的上诉，维持原判。该案经蔡某申请执行，张某、投资公司无还款能力。经核算，截至 2020 年 2 月 13 日，张某等应归还本息合计 675.96 万元。

【案件焦点】

1. 高某生和高某英抗辩的二人于 2012 年至 2013 年之间所形成的债权债务是否真实；2. 高某英、章某刚、章某人将涉案房产抵押给高某生的行为是否属恶意串通，是否对蔡某的债权造成损害。

【法院裁判要旨】

江苏省无锡市锡山区人民法院经审理认为：关于债权债务是否真实，高某生、周某系高某英的父母，高某生和高某英提供的证据均不足以证明双方之间存在真实的债权债务关系；且高某英出具的《还款书》中记载的欠款本息金额与《抵押借款协议》中记载的借款金额差距较大，二人对差额未作出合理说明，法院对其意见不予采纳。

关于抵押行为是否属恶意串通，首先，高某英多次在张某与蔡某的借条中作为担保人签字，对于自身应承担的担保责任是明知的，该担保责任产生的时间远早于涉案房屋设定抵押登记的时间；其次，高某英在向张某催讨款项过程中应当知晓张某的偿债能力出现了问题；最后，高某英就涉案房屋设立抵押登记时，除涉案房屋外无其他价值较高的财产。综上，高某英将其唯一具有较高价值的财产向高某生设立抵押登记的行为损害了其他债权人的利益，双方恶意串通具有高度盖然性，应当予以撤销。

据此，江苏省无锡市锡山区人民法院依照《中华人民共和国合同法》第七十四条，《最高人民法院关于适用〈中华人民共和国担保法〉若干问题的解释》第六十九条，《最高人民法院关于适用〈中华人民共和国合同法〉若干问题的解释（一）》第二十六条，《中华人民共和国民事诉讼法》第十三条、第六十四条、第一百四十四条，《最高人民法院关于适用〈中华人民共和国民事诉讼法〉的解释》第九十条规定，判决：

一、撤销高某英、章某刚将房屋抵押给高某生的行为；

二、撤销高某英、章某刚、章某人将房屋抵押给高某生的行为；

三、驳回蔡某的其他诉讼请求。

高某生不服一审判决，提起上诉。

江苏省无锡市中级人民法院经审理认为：债务人有多个普通债权人的，在清偿债务时，债务人恶意将其全部或者部分财产抵押给其中一个债权人，因此丧失了履行其他债务的能力，损害了其他债权人的合法权益，受损害的其他债权人可以请求人民法院撤销该抵押行为。本案中，高某英与高某生、周某之间的银行承兑汇票和银行账户明细不足以证明双方的借贷关系。即使如高某英所称借贷关系成立，高某英作为张某债务的担保人，在明知张某偿债能力出现问题，其财产又不足以清偿全部债务的情况下，以其家庭不动产为直系亲属、利害关系人高某生设立抵押，损害了其他债权人利益，蔡某作为生效判决中确认的高某英的债权人有权请求法院撤销高某英等人将涉案房屋抵押给高某生的行为。

江苏省无锡市中级人民法院《中华人民共和国民事诉讼法》第一百七十条第一款第一项规定，判决：

驳回上诉，维持原判。

【法官后语】

一、债权人撤销权的对象应包含保证人

债务人的责任财产是普通债权人实现债权的唯一保障。为了维持债务人责任财产的充足,《中华人民共和国民法典》第五百三十八条、第五百三十九条针对债务人无偿处分或恶意不当处分财产的情形,设立了债权人撤销权制度以限制债务人处分财产的自由,赋予债权人撤销有害于其债权实现行为的权利。

债权人撤销权的对象通常多指向主债务人,对保证人等担保之债的债务人涉及较少。然在保证责任有效存续的情况下,保证人原则上以其全部财产为债权提供担保。对于债权人来说,主债务人和保证人的财产变动均会影响到债权的实现,因此,在债权实现前或者在保证责任消灭前,保证人不当处分责任财产导致债权人实现债权受到影响时,债权人有权向保证人行使撤销权。

二、债权人对保证人行使撤销权的构成要件

保证人基于担保之债承担责任。在判断债权人能否向保证人行使撤销权时,亦应以此为基础加以认定。第一,保证责任具有从属性,即要求债权人向保证人行使撤销权时要审查主债务和保证债务的效力。对于无效之主债或无效之保证,债权人当然无权行使撤销权。第二,保证人处分责任财产的行为需发生在保证期间或债权人已向保证人主张保证责任后的诉讼时效期间内。第三,要区分保证人处分责任财产的对价情况。对于保证人无偿处分的行为,仅需证明该处分行为客观地害及债权即可,无须科以主观恶意。对于保证人有偿但不当处分责任财产的行为,除客观害及债权之外,债权人需证明保证人具有主观恶意。而对保证人主观恶意的判断,应结合案件情况综合认定。如保证人明知或者应知主债务人不具备履行能力或者有极高可能需要其承担保证责任时,保证人仍不当处分责任财产致其无力履行保证责任进而妨害债权实现,则可以认定保证人具有主观恶意。关于保证人对责任财产的处分行为,既包括转让责任财产所有权,也包括在责任财产上设定负担。以本案为例,高某英在明知自己负有保证责任的情况下,仍将名下主要财产向其父亲设定抵押,妨害了蔡某合法债权的实现,可以推定高某英存在主观恶意。第四,保证人有偿但不当处分责任财产时，相对人应当承担证明自己是善意的举证责任，否则债权人有权向保证人及相对人主张撤销权。

关于在没有证据证明主债务人存在履行风险的情况下，保证人对责任财产的处分行为可否被撤销，在本案的讨论中存在一些争议。然笔者认为，保证责任是为了保障债权实现，虽然保证人并非必然承担保证责任，但只要保证人的处分行为使责任财产与保证责任设立时发生重大变化，足以影响债权人是否设立保证担保的决定，则可以认定保证人的处分行为害及债权，债权人有权予以撤销。

三、恶意串通与债权人撤销权的竞合

本案中，蔡某主张高某英与高某生系父女关系，双方虚构债务并设定抵押权系恶意串通。关于恶意串通，《中华人民共和国民法典》第一百五十四条规定，行为人与相对人恶意串通，损害他人合法权益的民事法律行为无效。因此，如果保证人与他人恶意串通处分财产的行为同时满足债权人撤销权的构成要件，则发生恶意串通与债权人撤销权竞合之情形。笔者认为，恶意串通和债权人撤销权属不同效力之法律范畴。恶意串通系无效法律行为，基于恶意串通而订立的合同当然无效。而债权人行使撤销权的前提则是被撤销之标的合法有效且已经履行。在上述竞合情形发生时，为防止无效行为被作有效处理的情况发生，应优先适用恶意串通的规则进行审理，即如果保证人与他人构成恶意串通，则应直接认定相应的法律行为无效，债权人可作为利害关系人提起确认合同无效之诉。债权人提起撤销权之诉的，法院应向债权人释明相关法律关系。对于债权人坚持主张撤销权的，法院可依法驳回其诉讼请求。本案中，高某英与高某生之间的债权债务具有盖然性，没有充分的证据能够证明高某生与高某英存在侵害蔡某债权的共同恶意，因此本案不构成恶意串通。二审法院最终以保证人向具有利害关系的部分债权人设定抵押权，侵害了其他债权人的利益为由，认定债权人可以行使撤销权。

编写人：江苏省无锡市锡山区人民法院　刘家强　刘燕妮

27

连带共同保证人保证责任免除抗辩权的行使

——包某诉基金中心追偿权案

【案件基本信息】

1. 裁判书字号

浙江省台州市中级人民法院（2021）浙 10 民终 198 号民事判决书

2. 案由：追偿权纠纷

3. 当事人

原告（上诉人）：包某

被告（被上诉人）：基金中心

第三人：某银行

【基本案情】

包某与某公司的法定代表人李某原系夫妻。基金中心是一家为小微企业贷款提供信用担保等的事业单位法人。

包某及李某分别于 2016 年 2 月 4 日、2017 年 7 月 3 日为某公司向某银行的借款提供最高额保证。2018 年 8 月 7 日，基金中心与某银行签订《合作协议》，约定由基金中心为某银行发放的融资业务提供担保，合作的期限为 2018 年 8 月 7 日至 2021 年 8 月 6 日；某银行在针对相关融资业务追加其他担保时，需同时为基金中心所提供的信用保证代为办理相应反担保，反担保的担保人需包含为同一笔融资业务提供担保的其他全部担保人；某银行在办理本保证授信时，追加其他担保，但未按约定同时为甲方代办相应反担保的，基金中心将免除该保证责任，不予代偿。并约定，上述“其他担保”，是指某银行为保证其融资业务的安全，除基金中心提供信用保证外，对同一笔融资业务同时要求客户以自有资产提供担保，或者要求以与客户有关联关系的自然人（包括法定代表人、实际控制人、股东及其配偶、成年子女等）、企业（包括形成投资或控股关系的母子公司、其他企业等）提供保证的担保。

2018年11月20日，某公司向某银行贷得款项50万元。2018年11月28日，基金中心承诺承担担保责任。某银行没有为基金中心代为办理反担保手续。

【案件焦点】

1. 包某和基金中心是否属于连带共同保证人；2. 基金中心是否享有免责抗辩权；3. 基金中心的免责抗辩权是否及于主张追偿权的保证人包某。

【法院裁判要旨】

浙江省台州市椒江区人民法院经审理认为：《合作协议》约定代偿免责的情形之一是某银行追加其他担保，但未按约定同时为基金中心代办反担保，但《合作协议》对“追加其他担保”的意思未作明确约定；从文义上理解，“追加其他担保”并不仅理解为基金中心提供担保的时间早于其他，也可理解为除了基金中心外还有其他担保存在。在《合作协议》签订前，《自主保证产品说明（试行）》就明确载明，某银行提出代偿申请时，需提交《反担保函》原件、反担保人身份证明资料；如未按规定提交完整各项资料的，某银行无法获得基金中心代偿。在此情形下，“追加其他担保”应理解为除基金中心提供担保外，还有其他担保存在。并且，基金中心是政府为小微企业贷款提供信用担保等而设立的事业单位法人，《合作协议》约定“追加其他担保”亦应理解为除了基金中心提供担保外，还存在其他担保。在案涉贷款发生时，包某和李某分别提供担保属于《合作协议》约定的“其他担保”，某银行未代办反担保手续，基金中心的代偿义务应予免除。

浙江省台州市椒江区人民法院依照《中华人民共和国民法总则》第三条规定，判决：

驳回包某的诉讼请求。

包某不服一审判决，提起上诉。

浙江省台州市中级人民法院认为：本案构成连带共同保证当无疑义。包某主张基金中心承担保证份额的前提是各保证人均应当承担保证责任。《合作协议》约定了基金中心代偿免责情形。涉案债务发生时，包某提供担保符合“其他担保”的情形。本案争议的是“追加其他担保”中“追加”如何理解。基金中心的设立目的主要是为小微企业等的融资提供信用保证，降低小微企业等的融资成本；《合作协议》约定某银行代办反担保目的是降低基金中心追偿不能的风险。只有在这两个目的都能实现的情况下，基金中心才能更好地运营，并承担起服务小微企业等的社会责任。因此，对“追加其他担保”如何理解，应当从基金中心的设立目的、合作协议条款、自主保证产品说明等方面进行整体上的把握。如果依提供担保时间来界定是否属于“追加其他担保”情形，则会出现因“其他担保”提供时间不同而产生银行有无代办相应反担保义务的不同，进而导致基金中心承担不同的保证风险。这不符合基金中心设立及运营的目的。另外，由于“其他担保”的担保人均与债务人存在着特定的关联关系，基金中心通过反担保将其代偿后风险转移给“其他担保”的担保人，更加公平合理。某银行没有代办反担保，基金中心据此约定不应承担保证代偿责任，包某追偿缺乏前提条件。各保证人承担或不承担保证责任均基于其各自与债权人订立的保证合同，包某不能向基金中心追偿，是由于根据《合作协议》约定其免于向某银行承担保证责任，而不是《合作协议》排除或限制包某追偿权的结果，故不存在《合作协议》约定损害包某利益的问题。

浙江省台州市中级人民法院依照《中华人民共和国民事诉讼法》第一百七十条第一款第一项规定，判决：

驳回上诉，维持原判。

【法官后语】

本案系一项债务存在多个保证人的案件。案涉借款、提供保证和一审处理均在《中华人民共和国民法典》施行前，二审处理则在该法施行后。案件处理过程中对保证人分别提供保证的方式、责任后果的法律规定发生了翻天覆地的变化。

一、关于包某、基金中心是否属于连带共同保证人

双方各自承诺提供保证，而基金中心在《自主保证业务担保确认函》中并未明确保证责任方式。一、二审处理阶段，法律对相关行为的后果规定截然不同。因基金中心提供保证的行为和涉案纠纷一审处理均在《中华人民共和国民法典》施行前，根据《最高人民法院关于适用〈中华人民共和国民法典〉时间效力的若干规定》的规定，应适用《中华人民共和国担保法》第十九条规定，基金中心应承担连带保证责任。但是，随着《中华人民共和国民法典》的出台，保证方式约定不明确的后果发生了颠覆性变化。该法第六百八十八条第一款规定，当事人在保证合同中约定保证人和债务人对债务承担连带责任的，为连带责任保证。基金中心并未明确对某公司的债务承担连带责任，故其提供的是一般责任保证。司法实践中，为保障债权实现，债权人通常要求保证人在债权凭证上保证人签名处署名，却很少要求其写明保证方式，故可以预见，今后一段时间因保证方式约定不明确产生纠纷的案件将大幅增多，且随着民法典知识普法宣传的不断深入又将逐渐减少。双方先后提供保证，根据《最高人民法院关于适用〈中华人民共和国民法典〉时间效力的若干规定》第十三条规定，不能认定双方为共同保证人，但不论是涉案纠纷一审处理还是双方提供保证的行为均发生在该解释施行前，故应适用《中华人民共和国担保法》及《最高人民法院关于适用〈中华人民共和国担保法〉若干问题的解释》的规定。虽然现无证据反映出双方有共同保证的意思表示，但依据《最高人民法院关于适用〈中华人民共和国担保法〉若干问题的解释》第十九条第一款的规定，应当认定为连带共同保证。

二、关于基金中心是否应当承担保证责任

这也是本案处理的关键和难点所在。保证人向其他保证人主张权利，前提是该其他保证人应当承担保证责任。本案中，《合作协议》约定了基金中心代偿免责的情形。双方争议的焦点是对《合作协议》中“追加其他担保”的理解。《合作协议》未明确规定“追加其他担保”具体含义，但从文义理解，“追

加其他担保”，既可以理解为从时间角度在某种担保方式之后增加了担保，也可以理解为数量上增加了其他担保。本案中，对“追加其他担保”如何理解，应当从基金中心设立目的、《合作协议》《自主保证产品说明》约定等方面综合进行把握。并且，毕竟包某或李某与某公司存在着特定关系，基金中心通过反担保方式将代偿后风险转移给包某或李某，也更体现公平、合理。因此，某银行没有代办反担保手续，基金中心的保证责任免除。

三、关于被免责保证人的抗辩权是否及于追偿权人

诚然，审查保证人是否需要承担保证责任是债权人向该保证人主张权利的前提，那么保证人可否以其已被债权人免除保证责任对抗其他保证人，在司法实务中争议很大。有观点认为，保证人相互追偿系因各保证人均为连带共同保证人，即使免除了保证责任，免责事由也只能约束债权人，不能拘束其他保证人，该保证人仍应向其他保证人承担保证责任，其承担保证责任后，可向债权人追偿。有观点则认为，被追偿保证人需承担保证责任是追偿权行使的前提，既然保证人被债权人免除了保证责任，那么该保证人自然无需向其他保证人承担责任。笔者同意后一种观点，存在上述争议的根本原因是被废止的《中华人民共和国担保法》及其司法解释的规定不明确所致。并且，《最高人民法院关于已承担保证责任的保证人向其他保证人行使追偿权问题的批复》中规定“承担连带责任保证的保证人一人或数人承担保证责任后，有权要求其他保证人清偿应当承担的份额，不受债权人是否在保证期间内向未承担保证责任的保证人主张保证责任的影响”，也更坚定了持前种观点人的理念。但是，前一观点的立足点是，保证人之间有共同保证的合意。事实上，两个以上保证人对同一债务分别提供保证，只能说明保证人与债权人约定，其愿意承担保证责任；无法推理出保证人之间有共同提供保证的合意。而按照《最高人民法院关于适用〈中华人民共和国担保法〉若干问题的解释》第十九条规定，却推定保证人之间为连带共同保证，故前一观点很难成立。《中华人民共和国民法典》施行后，《最高人民法院关于适用〈中华人民共和国民法典〉有关担保制度的解释》第二十九条规定，保证人因债权人原因免除保证责任，可以对抗其他债权人。此

条规定更符合法理。本案中，双方承担或不承担担保责任均基于各自出具的担保函件，双方承担共同保证责任的法律依据是《最高人民法院关于适用〈中华人民共和国担保法〉若干问题的解释》第十九条的规定；而现在导致基金中心不承担代偿责任的还是因其与某银行的约定，双方的约定是基础，故基金中心向某银行所提抗辩理由，当然也能对抗包某。

编写人：浙江省台州市椒江人民法院　王秀云

28

第三人代偿后能否受让借款债权

——保理公司诉李甲等追偿权案

【案件基本信息】

1. 裁判书字号

北京市第三中级人民法院（2020）京03民终5182号民事判决书

2. 案由：追偿权纠纷

3. 当事人

原告（被上诉人）：保理公司

被告（上诉人）：李甲

被告：李乙、张某、罗某

【基本案情】

2019年4月11日，李甲、李乙与投资公司运营的某平台签订《借款合同》，通过平台撮合获得借款本金3万元，借款期限3个月，借款到期日2019年7月11日。张某签订《保证函》和《借款债权确认书》，罗某签订《借款债权确认书》，对上述借款承担连带保证责任。保理公司、李甲、李乙、某平台签订《债务代偿协议》，约定当借款人逾期时由保理公司代偿，代偿债务后，无须另行通知李甲、李乙，债权即转移至保理公司。此后，李甲仅还款1万元，尚欠本金2万元及利息540元未偿还。为此，保理公司于2019年7月11日进行了代偿。代偿后，李甲、李乙、张某、罗某未履行还款义务。

【案件焦点】

保理公司代偿后能否受让借款债权。

【法院裁判要旨】

北京市朝阳区人民法院经审理认为：李甲逾期还款，保理公司依据《债务代偿协议》向出借人代偿了李甲的借款本息，保理公司代偿后，有权就代偿款项向李甲追偿。李甲逾期支付代偿款，保理公司有权主张逾期利息，保理公司于2019年8月2日提起本案诉讼，逾期利息应自该日起算，保理公司主张的标准高于法定标准，对保理公司主张的起算日、基数、标准有误之处，法院予以调整。保理公司超出部分的逾期利息请求，法院不予支持。李乙作为共借人，应就李甲应偿付的款项承担共同还款责任。《债务代偿协议》约定保理公司代偿债务后即取得出借人权利与代偿债权，债权转移至保理公司所有，张某、罗某作为连带责任保证人应向保理公司承担保证责任。保理公司要求张某、罗某承担保证责任，未过保证期间，保证责任不应免除。

综上所述，北京市朝阳区人民法院依照《中华人民共和国民事诉讼法》第一百四十四条规定，判决：

一、李甲、李乙于本判决生效之日起七日内向保理公司偿还代偿款20540元；

二、李甲、李乙于本判决生效之日起七日内向保理公司支付逾期利息（以20540元为基数，自2019年8月2日起至实际给付之日止，按年利率24%的标准计算）；

三、张某、罗某就上述第一项、第二项确定的款项向保理公司承担连带清偿责任；

四、张某、罗某承担保证责任后，有权向李甲、李乙追偿；

五、驳回保理公司的其他诉讼请求。

李甲不服一审判决，提起上诉。

北京市第三中级人民法院经审理同意一审法院裁判意见，依照《中华人民共和国民事诉讼法》第一百七十条第一款第一项规定，判决：

驳回上诉，维持原判。

【法官后语】

《中华人民共和国民法典》第七百条规定，禁止无约定的保证人之间相互追偿。《最高人民法院关于适用〈中华人民共和国民法典〉有关担保制度的解释》第十四条规定："同一债务有两个以上第三人提供担保，担保人受让债权的，人民法院应当认定该行为系承担担保责任。受让债权的担保人作为债权人请求其他担保人承担担保责任的，人民法院不予支持；该担保人请求其他担保人分担相应份额的，依照本解释第十三条的规定处理。"担保人受让债权的行为应认定为承担担保责任，因此，保证人承担保证责任后并不能受让原债权人的全部权利。

保理公司履行代偿义务后，能否受让债权，要求保证人承担保证责任，结合本案代偿行为及法律规定，以下对涉案行为债权转让还是承担保证责任，作简要论述。

一、保理公司是保证人还是债权受让人

本案中，《债务代偿协议》约定，李甲、李乙逾期还款后，保理公司替代履行偿还借款债务行为，保理公司代偿债务后可以立即向甲方追偿。由于追偿权基于法定或者约定产生，法律不禁止当事人之间约定追偿，本案中，保理公司代偿义务是基于合同约定产生，其仅为合同约定的代偿履行义务人，并非保证人身份。另外，《债务代偿协议》约定"乙方替代甲方代偿债务后……乙方即取得出借人权利与代偿债权，无须另行通知甲方该债权即转移至乙方所有"。因此，保理公司与债务人、债权人的代表共同约定了保理公司履行代偿义务后，借款债权转让至保理公司，故《债务代偿协议》对债权转让进行了约定，债权人和债务人亦知悉债权转让事实，故保理公司履行代偿义务的行为实为支付债权转让对价，保理公司代偿后有权受偿债权，其身份为债权受让人。《中华人民共和国民法典》第五百四十七条规定，债权转让后，从权利一并转让。因此，保理公司受让借款债权后，有权要求保证人承担保证责任。

二、代偿后是否需要通知债务人及逾期利息起算日

根据法律规定，保证人承担保证责任后，享有对债务人的追偿权，追偿债权的取得基于法律规定，无须通知。关于本案保理公司代偿后，是否需要通知债务人，存在不同的观点，一种观点认为，双方约定债权受让后无须通知，故保理代偿后无须通知借款人，自代偿之日起有权主张逾期利息。另一种观点认为，法律规定了债权转让需要通知债务人，未通知的可以提起诉讼形式主张。虽然，本案双方约定受让债权后无须通知，但是无须通知取得的是借款债权，对代偿之后的资金占用的利息损失，债权受让人未作通知，债务人不构成迟延履行，利息应自通知到达债务人之日起算。根据《中华人民共和国民法典》第五百九十一条第一款规定："当事人一方违约后，对方应当采取适当措施防止损失的扩大；没有采取适当措施致使损失扩大的，不得就扩大的损失请求赔偿。"债权人没有通知债务人应对扩大的损失承担责任，也就是保理公司未通知债权转让，应对代偿后至诉讼前的损失自行承担责任。因此，一审法院对利息起算日作出相应调整。

三、本案的意义

保证人承担保证责任与第三人受让债权很容易作出混淆，本案一方面对保证人承担保证责任与第三人受让债权作出了区分，为类似的债权转让提供借鉴。另一方面，由于越来越多的专业担保公司参与到借款担保交易模式中，相关的债权转让、担保代偿缺乏通知程序，极易导致债务人重复还款，本案的裁判思路意在规范担保行业乱象，为规范商事经营模式提供裁判指引。

编写人：北京市朝阳区人民法院 马娇

29

反担保合同中约定违约责任的效力及反担保范围的认定

——担保公司诉甲公司等追偿权案

【案件基本信息】

1. 裁判书字号

北京市高级人民法院（2019）京民终326号民事判决书

2. 案由：追偿权纠纷

3. 当事人

原告（上诉人）：担保公司

被告（被上诉人）：甲公司、生化公司、商贸集团、乙公司

被告：孙某、商贸公司、淀粉公司

【基本案情】

2014年1月15日，乙公司与担保公司签订《授信追偿合同》，约定：鉴于担保公司同意为乙公司因向某银行申请贷款，向某银行以保证的方式提供担保，双方经协商订立本合同。担保公司同意授予乙公司最高2.2亿元的担保授信额度。担保公司按照约定履行全部或部分保证责任后，有权要求乙公司立即归还担保公司为履行保证责任支付的全部款项和自支付之日起的利息（利率为日万分之五）以及担保公司的其他费用和损失。同日，担保公司、淀粉公司与某银行签订《最高额保证合同》，约定担保公司为上述主合同提供最高额保证担保，担保的最高债权额为2.2亿元。

同日，甲公司、生化公司分别与担保公司签订《反担保保证合同（最高额）》，甲公司、生化公司同意为乙公司向担保公司提供2.2亿元最高额反担

保保证，承担连带保证责任。反担保保证的范围包括主合同中约定的乙公司应向担保公司支付的代偿款本金、利息、担保费、违约金、赔偿金以及担保公司实现债权的费用。同时还约定，如甲公司、生化公司未履行或未完全履行本合同的约定，应按照款项总额（即乙公司应向担保公司支付的所有款项）的 5%向担保公司支付违约金。

同日，乙公司向担保公司提供最高额抵押反担保。孙某以其个人及家庭所有的财产向担保公司提供最高额反担保保证，以其股权出质提供最高额质押反担保。商贸公司以其股权出质提供最高额质押反担保。上述担保均签订书面合同并办理了相关手续，最高债权额均为 2.2 亿元。

随后，某银行向乙公司发放多笔款项。担保公司在其担保范围内先后为乙公司代偿了未付利息、复利及本金等共计 1 亿余元。

【案件焦点】

甲公司、生化公司在反担保合同中约定违约责任的效力及范围认定问题。

【法院裁判要旨】

北京市第一中级人民法院经审理认为：担保公司按照约定履行全部或部分保证责任后，有权要求乙公司归还担保公司为履行保证责任支付的全部款项，包括代偿款本金 1 亿余元及利息、违约金、担保费、律师费等。孙某、生化公司、甲公司就上述债务承担连带保证责任。乙公司提供了抵押，担保公司有权在担保范围内对抵押财产折价或者拍卖、变卖的价款优先受偿。孙某、商贸公司以其持有的股权提供了质押，担保公司有权在质押担保范围内对质押股权折价或者拍卖、变卖的价款优先受偿。

关于甲公司、生化公司在反担保合同中约定违约责任的效力及范围认定问题。法院认为，保证合同具有从属性，即保证合同是主合同的从合同，保证债务是主债务的从债务，主要表现为保证的范围从属于主债务，不得大于主债务，债权人虽可以与保证人协商保证担保的范围，但若保证合同约定的保证债务的范围大于主债务的，应减到主债务的限度。本案中，甲公司、生化公司分别与担保公司关于违约金的约定均超过了主债务的范围，应减到主债务的限度，故担保公司要求甲公司、生化公司支付因未及时向其履行反担保保证责任的违约金缺乏依据，不予支持。

另外，担保公司、淀粉公司分别与某银行签订《最高额保证合同》，未约定保证份额，为连带共同保证，担保公司、淀粉公司应平均分担。担保公司有权要求淀粉公司就已经认定的代偿款及利息承担对乙公司不能向担保公司偿还部分的三分之一承担清偿责任。

综上，北京市第一中级人民法院依照《中华人民共和国合同法》第八条、第一百零七条、第一百一十四条第一款，《中华人民共和国物权法》第一百七十六条、第一百八十条第一款第二项和第四项、第一百八十七条、第一百八十八条、第二百零三条第一款、第二百二十六条，《中华人民共和国担保法》第十八条、第二十一条、第三十一条，《最高人民法院关于适用〈中华人民共和国担保法〉若干问题的解释》第十九条第一款、第二十条第二款、第二十二条第一款、第二十三条、第四十二条第一款，《中华人民共和国民事诉讼法》第一百四十四条，《最高人民法院关于适用〈中华人民共和国民事诉讼法〉的解释》第九十条规定，判决：

一、乙公司给付担保公司代偿款 102082303.131 元、利息、违约金、担保费及律师费；

二、孙某、甲公司、生化公司就本判决确定的乙公司所负债务向担保公司承担连带保证责任。承担连带保证责任后，有权向乙公司追偿；

三、担保公司有权就本判决确定的乙公司所负债务对乙公司抵押财产折价、拍卖、变卖的价款享有优先受偿权；

四、担保公司有权就本判决确定的乙公司所负债务对孙某、商贸公司用于质押的股权折价、拍卖、变卖的价款享有优先受偿权；

五、淀粉公司对代偿款 102082303.131 元及利息承担对乙公司不能向担保公司偿还部分的三分之一的清偿责任；

六、驳回担保公司的其他诉讼请求。

担保公司不服一审判决，提起上诉。

北京市高级人民法院经审理认为：关于甲公司、生化公司在反担保合同中约定违约责任的效力及范围认定问题。法院认为，甲公司、生化公司分别与担保公司就反担保人的担保责任，约定如生化公司、甲公司未履行或未完全履行反担保责任，应按照主债务总额的5%向担保公司支付违约金。该违约责任已经超出了主债务的范围，额外增加了反担保人的负担，与担保的从属性不符。故超出部分的约定应属无效，甲公司、生化公司的反担保责任均应缩减至担保公司基于《最高额保证合同》向某银行支付的代偿款项的范围之内。

北京市高级人民法院依照《中华人民共和国民事诉讼法》第一百七十条第一款第一项规定，判决：

驳回上诉，维持原判。

【法官后语】

担保在商事行为中是一种非常常用的制度，对于促进资金融通和商品流通都具有重要意义。本案是一例在商事行为中运用担保制度的典型案例，相关商事主体为了保障自身债权利益的实现，设计了比较复杂的担保关系，包括最高额担保、保证担保、质押担保、抵押担保、反担保等。本案中，争议焦点之一是反担保合同中约定违约责任的效力问题，解决该问题首先要分析反担保的性质及担保责任的范围。

反担保是指替债务人提供担保的第三人，无论该第三人是提供人的担保还是物的担保，为了保证自己的追偿权得到实现，可以要求债务人为自己追偿权的实现提供担保。第三人替债务人为债权人设定的担保物权是为了实现债权而设立，反担保也是为了实现债权而设立。只是在担保法律关系中，担保的主债务是“债务人应向债权人履行的债权”。在反担保法律关系中，反担保的主债务是“第三人承担担保责任后，可向债务人主张的追偿债权”，第三人承担担保责任后，成为债务人的新债权人。因此，反担保属于担保的一种特殊表现形式，其法律性质、具体适用规则等与担保制度一致。《中华人民共和国民法典》第三百八十七条第二款规定：“……反担保适用本法和其他法律的规定。”

担保具有从属性,《全国法院民商事审判工作会议纪要》(以下简称《九民会议纪要》)第五十五条“担保责任范围”规定,担保人承担的担保责任范围不应当大于主债务,是担保从属性的必然要求。当事人约定的担保责任的范围大于主债务的,如针对担保责任约定专门的违约责任、担保责任的数额高于主债务、担保责任约定的利息高于主债务利息、担保责任的履行期先于主债务履行期届满,等等,均应当认定大于主债务部分的约定无效,从而使担保责任缩减至主债务的范围。《最高人民法院关于适用〈中华人民共和国民法典〉有关担保制度的解释》第三条与《九民会议纪要》第五十五条精神保持一致。

实践中,最为常见的担保责任范围大于主债务就是本案中针对反担保责任约定专门违约责任的情形。在此种情形下,反担保的担保权人往往主张双方明确约定了反担保的违约责任,法院应当支持当事人的合同约定。但如果法院支持了该主张,反担保人除了要支付债务人因违约而支付的违约金外,还要支付自己违约所要支付的违约金,这不仅加重了反担保人的负担,更重要的是,反担保所担保的范围实际上超过了其担保的主债务的范围。而有关担保从属性的规定属于强制性规定,不能通过约定的方式予以排除。因此,针对反担保责任约定专门违约责任的,应当认定无效,担保责任的范围应当缩减至主债务的范围。

如果保证债务的范围不受主债务的限制,允许当事人自由约定,债权人将从保证人处获得从债务人处无法获得的额外利益,且保证人承担该部分额外责任后无法向主债务人进行追偿,损害保证人利益,不符合公平原则。

甲公司、生化公司作为反担保人,其担保的“主债务”为担保公司的保证债务,即担保公司基于《最高额保证合同》应当向某银行支付的代偿款项,

编写人:北京市高级人民法院　夏林林　陈旭云

30

夫妻一方不能以个人与债权人的部分债务的执行和解协议对抗保证人追偿的权利

——赵某诉白甲、白乙追偿权案

【案件基本信息】

1. 裁判书字号

陕西省渭南市中级人民法院（2020）陕 05 民终 1005 号民事判决书

2. 案由：追偿权纠纷

3. 当事人

原告（被上诉人）：赵某

被告（上诉人）：白甲

被告（被上诉人）：白乙

【基本案情】

白甲、白乙原系夫妻关系，于 2017 年 9 月 8 日离婚。在婚姻关系存续期间，白甲、白乙因资金周转向第三人借款，担保公司为其提供担保，赵某和李某作为白甲、白乙的朋友，提供反担保。白甲、白乙未能偿还借款，担保公司依约代为清偿。后担保公司向白甲、白乙追偿未果，诉请法院判令白甲、白乙偿还代偿款及利息，赵某和李某承担连带责任。2018 年 12 月 17 日，陕西省渭南市临渭区人民法院作出（2018）陕 0502 民初 4679 号民事判决：“白乙、白甲于判决生效后十日内偿还担保公司代偿款 9 万元及利息（月利率 2%，从 2014 年 10 月 28 日起至实际还款之日止，已支付利息 5000 元）；赵某、李某承担连带清偿责任。”担保公司申请执行上述判决。执行中，白甲与担保公司

2019 年 7 月 31 日签订《执行和解协议书》约定："白甲一次性偿还担保公司 5 万元后，其他款项担保公司不再要求白甲承担还款责任。"以上协议即日履行。随后，赵某与担保公司 2019 年 8 月 13 日签订《执行和解协议书》约定："赵某一次性偿还担保公司 10 万元后，其他款项担保公司不再要求赵某承担，赵某履行该 10 万元后，有权向被执行人白甲白乙行使追偿权，本协议经双方签字后生效。"该协议也即日履行。后赵某向白乙、白甲追偿未果。

【案件焦点】

白甲与担保公司达成《执行和解协议书》，约定白甲还款 5 万元后，其余款项担保公司不再要求白甲承担偿还责任，是否能对抗保证人赵某的追偿权。

【法院裁判要旨】

陕西省渭南市临渭区人民法院经审理认为：保证人承担责任后，有权向债务人追偿。本案中，赵某已代白乙、白甲向担保公司清偿了应由二人偿还的借款，履行了担保责任，依法享有追偿权，结合赵某提交的证据，可以认定赵某主张的追偿权成立。

陕西省渭南市临渭区人民法院依照《中华人民共和国担保法》第四条、第二十一条、第三十一条，《最高人民法院关于审理民间借贷案件适用法律若干问题的规定》第二十九条第一项规定，判决：

白甲、白乙共同偿还赵某代为清偿的借款 100625 元及利息。

白甲不服一审判决，提起上诉。

陕西省渭南市中级人民法院经审理认为：赵某作为案涉借款的保证人，向担保公司还款 10 万元，履行了保证责任，依法取得追偿权。赵某主张债务人白乙、白甲偿还其代付款 10 万元、执行款 625 元及相应利息，予以支持。白甲诉称其已与白乙离婚，在《离婚协议书》中约定该笔款项由白乙承担。白甲、白乙的离婚协议只能对协议双方产生约束力，不能对外产生法律效力。白甲诉称其在与担保公司的《执行和解协议书》中约定白甲还款 5 万元后，其余款项担保公司不再要求白甲承担偿还责任，并提交欠条、收条及陕西省渭南市临渭区人民法院的结案通知书予以佐证。因该证据只能证明白甲向担保公司还款 5 万元，担保公司不再向白甲主张其余款项，但与赵某承担担保责任后能否追偿无关。

陕西省渭南市中级人民法院依照《中华人民共和国民事诉讼法》第一百七十条第一款第一项规定，判决：

驳回上诉，维持原判。

【法官后语】

保证人追偿权对于保证人和债权人的权益均提供了制度性保障。在司法实践中，非法定情形外，不得对抗保证人追偿权。

一、保证人追偿权的产生

《中华人民共和国民法典》第七百条规定，保证人承担保证责任后，除当事人另有约定外，有权在其承担保证责任的范围内向债务人追偿，享有债权人对债务人的权利，但是不得损害债权人的利益。《中华人民共和国民法典》完善了保证人的追偿权，明确保证人在其承担保证责任的范围内向债务人追偿。保证人之所以享有追偿权，是因为虽然保证人向债权人承担保证责任是其依保证合同所应承担的义务，但是保证人对债权人承担保证责任毕竟是代主债务人履行债务，保证人是为了主债务人的利益而遭受的损失，从公平和等价交换原则出发，应当赋予保证人向主债务人追偿的权利。同时该追偿权只有在保证人已承担保证责任后才会产生，包括保证人的实际履行、代位清偿、抵销，甚至保证人的财产被强制执行等承担方式，即代位追偿权行使的前提条件便是保证人已向债权人承担了保证合同约定的或法定的保证责任。本案中，赵某作为保证人，以执行和解的方式承担了保证责任，当然享有对债务人白甲、白乙的追偿权。

二、对抗保证人追偿权的情形

1. 保证人承担保证责任存在过错。保证人在承担保证责任后，有义务及时通知债务人，若保证人怠于通知债务人，致使债务人无过失地又向债权人履行的，保证人丧失追偿权。保证人可以不当得利请求债权人返回，债权人应予返回。另外，保证人在承担保证责任时怠于行使债务人对债权人的抗辩权，而作出大于债务人应承担债务范围的清偿，以及担保人支出非必要的花费，使得债务人的债务范围扩大，对扩大部分，保证人丧失追偿权。

2. 在主债权已消灭的情况下，保证人的清偿不产生追偿权。在债务人已经清偿了主债务或其他使得主债务已经消灭的，由于主债权债务已消灭，保证人的追偿权无从成立，保证人只能依不当得利之规定，向债权人请求返还。

本案中，白甲、白乙离婚时关于共同债务由白甲承担的约定，仅对其二人产生约束力，不能对抗保证人对二人的追偿权。白乙与债权人在《执行和解协议书》约定，其一次性偿还债权人5万元后，债权人不再向其主张剩余的其他债权。根据该和解协议书，白乙虽然部分履行了债务，却并没有消灭主债权，且该协议也仅限于白乙与债权人，当然不能对抗保证人对白乙的追偿权。保证人赵某与债权人达成执行和解，在应承担债务范围内清偿了部分债务，并及时向债务人追偿，未导致债务人无过失地又向债权人履行，也未导致债务人的债务范围扩大，所以赵某在已承担保证责任的范围内享有完全的追偿权。

编写人：陕西省渭南市中级人民法院　文茜　亢俊谦

三、抵　　押

31

购房者怠于办理抵押登记时开发商的权利保障

——置业公司诉张某抵押权案

【案件基本信息】

1. 裁判书字号

福建省泉州市中级人民法院（2019）闽05民终1355号民事判决书

2. 案由：抵押权纠纷

3. 当事人

原告（上诉人）：置业公司

被告（被上诉人）：张某

第三人：某银行

【基本案情】

2014年3月24日，张某与置业公司签订《商品房买卖合同》及附件6合同补充协议。双方约定张某以816795元的价格向置业公司购买案涉房产；张某应于签订合同时付清首期款246795元，并提供银行按揭贷款所需的全部资料并办理银行贷款的全部手续。置业公司同意张某向银行办理按揭贷款57万元。张某与置业公司签订合同后十天内办理好公积金按揭贷款的一切手续。如超过约定期限三天买受人仍未办妥银行按揭贷款和公积金按揭贷款手续或出卖人阶段性担保贷款期间，买受人累计三个月未偿还银行或公积金按揭贷款本息，出卖人均有权选择解除《商品房买卖合同》，收回房屋，并可要求张某赔偿置业公司的一切经济损失。张某除支付《商品房买卖合同》约定或上述付款方式约定的房款外，应交纳其他相关税费。2014 年 4 月 7 日，案涉房产办理预购商品房预告登记。2014 年 9 月 1 日，张某（借款人、抵押人）、某银行（贷款人、抵押权人）、置业公司（保证人）签订《个人购房担保借款合同》，约定张某向某银行申请贷款 57 万元用以购买案涉房产，该笔借款由置业公司提供阶段性保证，并以案涉房产作为抵押物。抵押人张某应协助贷款人自本合同签订之日起 15 日内办妥抵押预告登记，自案涉房屋满足交付条件之日起 30 日内办妥房地产权属证书。自房地产权属证书办妥之日起 1 个月内办理抵押登记。2014 年 9 月 3 日，案涉房产办理预购商品房抵押权预告登记。2016 年 1 月 20 日，置业公司向张某交房。2016 年 12 月 22 日，不动产登记中心通知置业公司可以办理首次登记。2016 年 12 月 23 日，置业公司在广播电视台制作播出办理分户产权及土地登记手续的通告。2018 年 1 月 23 日，福建省德化县人民法院作出（2018）闽 0526 执 103 号民事裁定，查封案涉房产。2018 年 1 月 24 日，不动产登记中心根据福建省德化县人民法院裁定，限制案涉房产的变更、过户、设定抵押等转移手续。

【案件焦点】

1. 置业公司请求张某办理商品房权属证明之诉与置业公司请求张某办理抵押登记，且某银行予以协助之诉是否可以合并审理；2. 置业公司是否有权要求张某办理抵押登记手续；3. 案涉房产抵押登记的办理是否受法院预查封登记影响。

【法院裁判要旨】

福建省德化县人民法院经审理认为：1. 案涉房产已具备办理不动产登记手续的条件。置业公司亦按合同约定通知张某办理案涉商品房权属证明，置业公司要求张某办理商品房权属证明及缴纳相关税费符合合同约定，予以支持。2.置业公司与张某存在买卖合同关系，置业公司与张某、某银行之间是抵押合同关系，在抵押合同中置业公司并非权利人或义务人，置业公司不是抵押登记之诉的适格主体，置业公司无权要求张某办理抵押登记、某银行予以协助。置业公司要求张某办理商品房权属证明之诉与要求张某办理房屋抵押登记之诉依据的是不同的法律关系，不可合并审理，应在办理商品房权属证明之诉判决生效后，相关权利人方可提起办理房屋抵押登记之诉。置业公司要求张某办理抵押登记的行为变相免除自己的阶段性保证责任。三方已经约定如张某连续三个月未偿还银行贷款本息，置业公司可解除《商品房买卖合同》，收回商品房，并要求张某承担赔偿责任，合同已经约定置业公司承担保证责任风险的权利救济途径，应予遵循。案涉房产已经被查封，相关权利人应提起执行异议之诉。因此，置业公司要求张某办理抵押登记，某银行予以协助，不予支持。

福建省德化县人民法院依照《中华人民共和国合同法》第八条、第六十条、第一百零七条、第一百一十四条第一款，《中华人民共和国民事诉讼法》第一百四十四条，《最高人民法院关于适用〈中华人民共和国民事诉讼法〉的解释》第九十条规定，判决：

一、张某应在判决生效后十日内办理房屋的不动产登记手续，并承担相关契税、印花税、登记费等费用；

二、驳回置业公司的其他诉讼请求。

置业公司不服一审判决，提起上诉。

福建省泉州市中级人民法院经审理认为：办理房屋权属登记之诉与办理抵押登记之诉在履行上虽有先后顺序，但是二者不存在冲突，且具有事实上的牵连关系，合并审理不违反法定程序。置业公司要求张某办理抵押登记是其根据合同约定以及法律规定维护自身合法权益之举，并非变相免除其担保责任，反而使某银行对案涉商品房享有优先受偿权。当张某违约时，置业公司有权选择解除合同或者继续履行合同，解除合同并非置业公司的义务。且根据《不动产登记操作规范（试行）》的相关规定，在商品房抵押预告登记后办理的预查封登记，不影响商品房抵押预告登记转抵押权首次登记，故案涉商品房抵押登记的办理不受法院预查封的影响。

福建省泉州市中级人民法院依照《中华人民共和国民事诉讼法》第一百七十条第一款第一项、第二项规定，判决：

一、维持福建省德化县人民法院民事判决第一项；

二、撤销福建省德化县人民法院民事判决第二项；

三、张某应在办妥上述商品房不动产登记后十日内办理房屋的抵押登记手续，将抵押权人设定为某银行，某银行应在张某办理上述抵押登记时予以必要的协助。

【法官后语】

预售商品房抵押登记的设立，对于银行债权的保障、开发商阶段性担保责任的承担以及合同稳定、交易安全等均有重大影响。在商品房符合办理商品房权属证明时，应督促购房者、引导相关当事人及时办理抵押登记，从而保障银行对商品房的优先受偿权，降低开发商的风险，平衡购房者、开发商、银行的利益。

一、开发商是否有权一并提起办理商品房权属证明之诉和办理抵押登记之诉

第一种观点认为，在借款合同中，开发商既不是权利方也不是义务方，其不具有诉讼资格。请求办理商品房权属证明之诉和办理抵押登记之诉基于不同的法律关系，二者不可合并审理。

第二种观点认为，开发商请求购房者办理抵押登记是基于合同约定和法律规定，其具有诉权。并且两个诉之间并不存在冲突，只是在履行顺序上有先后之分，合并审理并无不妥。

笔者赞成第二种观点。首先，开发商具有诉讼主体资格。根据诚实信用原则，开发商、购房者、银行三方均应诚实、善良、全面地履行《房屋买卖合同》《个人购房担保借款合同》。在商品房符合办证条件，且开发商履行通知办证义务后，购房者应及时配合办证。开发商为购房者提供阶段性担保至办理抵

押权登记之日，为购房者向银行贷款提供了便利，当购房者符合办理抵押登记条件时应及时向银行办理抵押登记，解除开发商阶段性担保的责任，无故不办理抵押登记，延长开发商阶段性担保的期限属于不诚信行为，不符合社会价值取向，不应提倡。开发商要求购房者履行办理抵押权登记手续，符合合同约定，亦与设立抵押权预告登记制度初衷吻合。其次，办理商品房权属证明之诉与办理抵押登记之诉可以合并审理。虽然两个诉是基于两个独立的合同，法律关系不同，但是二者具有密切的联系，且互相重叠。在审查时和判决时亦不存在相互冲突之诉，为了减少诉累，将相互关联的法律关系合并审理亦无不妥。

二、开发商担保责任风险的救济途径问题

一种观点认为，开发商只能依合同约定在购房者逾期支付贷款本息后，请求解除合同。另一种观点则认为，解除合同是开发商的权利，不是义务，开发商可以请求购房者办理抵押登记。笔者赞成后者，合同约定，当购房者违约时，开发商“可”解除合同，并非“必须”解除合同。当银行放款后，购房者向开发商支付所有购房款，商品房符合办证条件，只要购房者依约办证，商品房买卖合同几乎履行完毕，如果因为购房者逾期支付贷款本息，导致已经履行完毕或大部分履行完毕的商品房买卖合同解除，将不利于交易安全和市场稳定。因此，开发商选择继续履行合同，并要求办理抵押登记符合契约精神和法律规定。

三、商品房抵押登记的办理不受法院预查封登记影响

根据自然资源部《不动产登记操作规范（试行）》的相关规定，在商品房抵押预购登记后办理的预查封登记，不能阻断商品房抵押预告登记转抵押权首次登记，因此开发商要求购房者办理抵押登记不应通过执行异议之诉，而应在抵押权纠纷中予以审查。

笔者建议明确如因购房人或银行自身原因，造成符合办理抵押登记条件的商品房未能如期办理抵押登记，开发商的阶段性担保责任可以免除。

编写人：福建省泉州市中级人民法院　罗晓燕

32

抵押权的行使期间与主债权的诉讼时效的关系

——实业公司诉某银行抵押权案

【案件基本信息】

1. 裁判书字号

北京市第一中级人民法院（2020）京01民终4521号民事判决书

2. 案由：抵押权纠纷

3. 当事人

原告（上诉人）：实业公司

被告（被上诉人）：某银行

第三人：资产管理公司

【基本案情】

2008年4月11日，借款人实业公司与贷款人某银行签订《借款合同》。同日，抵押权人某银行与抵押人实业公司签订了《抵押合同》。双方办理了抵押登记。

借款到期后，实业公司并未如约履行，某银行将其诉至北京市昌平区人民法院，要求其还本付息。案件审理过程中，北京市昌平区人民法院应某银行申请作出保全裁定，并对抵押物进行了查封。北京市昌平区人民法院作出（2011）昌民初字第742号民事判决书，判令实业公司向某银行返还本金4000万元并支付相应利息、罚息及复利。该判决生效后，某银行依据该判决书向北京市昌平区人民法院申请强制执行。

实业公司与投资公司签订《房屋租赁合同》，约定双方同意投资公司有权将上述房屋向第三方转租。投资公司（甲方）、资产管理公司（乙方）与实业公司（丙方）签订的《房屋租赁合同》，约定丙方同意甲方将其房屋转租给乙方使用，并同意甲方将其在租赁合同一项下的权利义务转让给乙方。2010年4月19日，资产管理公司与商贸公司签订了《房屋租赁合同》，约定年租金总额为2072316元。

2012年3月13日，北京市昌平区人民法院向商贸公司送达协助执行通知书，要求商贸公司协助扣押实业公司在商贸公司处的租金收入。商贸公司共依据协助执行通知书向北京市昌平区人民法院交纳租金共计2958229元。

至今，某银行并未与抵押人就行使抵押权达成协议或向人民法院提起诉讼申请实现担保物权。

【案件焦点】

1. 抵押权人在主债权诉讼时效期间未行使抵押权的，抵押权是否因主债权诉讼时效届满而消灭；2. 主债权经过法院裁判后，对应的抵押权是否随之消灭。

【法院裁判要旨】

北京市昌平区人民法院经审理认为：

一、关于某银行是否行使了抵押权的问题

根据《中华人民共和国担保法》第五十三条对于行使抵押权的形式作出的明确规定，某银行至今并未以法定形式行使抵押权，故法院确认某银行目前并未行使抵押权。

二、关于某银行目前是否还享有抵押权的问题

《中华人民共和国物权法》第二百零二条规定，抵押权人应当在主债权诉讼时效期间行使抵押权；未行使的，人民法院不予保护。抵押权所对应的主债权已经由人民法院作出裁判，且债权人申请了强制执行，故主债权已经不存在诉讼时效届满的问题。抵押合同系借款合同的从合同，如果主债权诉讼时效一直没有届满，则抵押权一直存续而不消灭。故某银行只是目前没有行使抵押权，

而其抵押权并未消灭。法院认为实业公司提出的诉讼请求，无事实及法律依据，对此不予支持。

综上，北京市昌平区人民法院依据《中华人民共和国物权法》第二百零二条，《中华人民共和国担保法》第五十三条，《中华人民共和国民事诉讼法》第六十四条，《最高人民法院关于适用〈中华人民共和国民事诉讼法〉的解释》第二百四十条规定，判决：

驳回实业公司的全部诉讼请求。

实业公司不服一审判决，提起上诉。

北京市第一中级人民法院经审理认为：《中华人民共和国物权法》第二百零二条规定，抵押权人应在主债权诉讼时效期间行使抵押权，该规定目的是促使抵押权人积极及时行使抵押权，避免因抵押权人长期怠于行使其权利，造成抵押财产长期处于不确定状态，抵押人因义务的不确定性而处于一种不利益的状态，不利于保护双方的合法权益。本案中，在主债权到期、实业公司未按照约定履行还款义务时，某银行将实业公司诉至北京市昌平区人民法院，要求实业公司偿还借款本金及利息；并在该案中提起诉讼保全，将本案所涉抵押物进行查封。2011 年 9 月 9 日，北京市昌平区人民法院作出（2011）昌民初字第 742 号民事判决书，判令实业公司向某银行返还本金 4000 万元并支付相应利息、罚息及复利。该判决生效后，某银行依据该判决书向北京市昌平区人民法院申请强制执行，本案所涉抵押物亦作为被执行财产进入强制执行阶段。由此，某银行对于本案抵押权及被担保主债权均不存在怠于行使的情形，一直处于积极行使权利的状态。实业公司以针对主债权的判决作出时间作为抵押权消灭之时，缺乏法律依据，法院对该意见不予采纳。

故北京市第一中级人民法院依照《中华人民共和国民事诉讼法》第一百七十条第一款第一项规定，判决：

驳回上诉，维持原判。

【法官后语】

本案中的争议焦点问题为某银行的抵押权是否已消灭，其实质是抵押权的行使期间问题。具体可以分为以下两个问题：

一、抵押权人在主债权诉讼时效期间未行使抵押权的，抵押权是否因主债权诉讼时效届满而消灭

《中华人民共和国民法典》第四百一十九条规定："抵押权人应当在主债权诉讼时效期间行使抵押权；未行使的，人民法院不予保护。"此处的"不予保护"作何理解，在学界和实务界存在不同观点。一种观点认为，抵押权人在主债权诉讼时效期间未实行抵押权的，抵押权人丧失的是其抵押权受法院保护的权利，即胜诉权，但是抵押权本身是存在的；另一种观点认为，此时抵押权因为时效的完成而归于消灭。《全国法院民商事审判工作会议纪要》第五十九条实质上采取了后一种观点。本案认可第二种观点。首先，诉讼时效的设立目的在于让罹于时效的请求权人承受不利益，敦促其及时行使权利。诉讼时效一般适用于债权请求权；而抵押权为支配权而非请求权，不宜将抵押权纳入诉讼时效的规制范围。其次，回归生活来看，请求权诉讼时效届满，债务人在法律上的约束即消失，该债务不再受到法院的保护。若抵押权行使期间的性质为诉讼时效，则时效届满，抵押权人欲行使抵押权，抵押人可以诉讼时效届满而抗辩，其权利将无法实现；同时，抵押人想要请求涂销抵押登记，抵押权人可以抵押权仍存在而拒绝配合。此时则形成双输的局面：抵押权人不能行使抵押权，同时抵押物上设置的抵押权一直存续。背负着抵押权的抵押物也难以在市场上实现其全部的价值。因此，抵押权行使期间经过后，抵押权即告消灭的方式更符合现实生活的需要。

二、主债权经过法院裁判后，对应的抵押权是否随之消灭

有观点认为，诉讼时效是针对自然债权而言的，当法院作出生效的裁判文书后，自然债权转为法定债权，原自然债权的诉讼时效不再继续存在，因此与之相关的抵押权的行使期限也随之届满而消灭。而本案中，一审法院对此持不同意见，其认为抵押权所对应的主债权已经由人民法院作出裁判，且债权人申请了强制执行，故主债权已经不存在诉讼时效届满的问题。

诉讼时效是指民事权利受到侵害的权利人在法定的时效期间内不行使权利，

当时效期间届满时，义务人获得诉讼时效抗辩权。在法律规定的诉讼时效期间内，权利人提出请求的，人民法院就强制义务人履行所承担的义务。而在法定的诉讼时效期间届满之后，权利人行使请求权的，人民法院就不再予以保护。二审法院认为，诉讼时效是为了敦促权利人积极行使其权利的制度设计，一旦人民法院对此作出生效裁判后，权利人已经在诉讼时效内积极行使其权利，诉讼时效的作用即告结束，因此主债权就不存在诉讼时效这一问题。《中华人民共和国民法典》第四百一十九条规定抵押权人应在主债权诉讼时效期间行使抵押权，该规定的目的是促使抵押权人积极及时行使抵押权，避免因抵押权人长期怠于行使其权利，造成抵押财产长期处于不确定状态，抵押人因义务的不确定性而处于一种不利益的状态，不利于保护双方的合法权益。因此，不能仅因为主债权已经过法院裁判，而判定抵押权的期限也随之届满而消灭。在司法审判实践中，如果抵押权人对于其抵押权不存在怠于行使的情形，一直处于积极行使权利的状态。抵押人提出针对主债权的判决作出时间应作为抵押权消灭之时的诉讼意见，人民法院不应予以支持。

编写人：北京市第一中级人民法院　习亚伟

33

债权人未同意债务人以抵押物抵顶债权的方式清算债权的，不能直接认定为债权人怠于行使抵押权

——某农信社诉房地产公司借款合同案

【案件基本信息】

1. 裁判书字号

黑龙江省高级人民法院（2020）黑民终147号民事判决书

2. 案由：借款合同纠纷

3. 当事人

原告（被上诉人）：某农信社

被告（上诉人）：房地产公司

【基本案情】

自 2008 年 5 月至 2009 年 12 月，房地产公司与某农信社先后签订六份《借款合同》及《抵押担保合同》，房地产公司以其所有的在建工程作为抵押并办理了抵押登记手续。合同签订后，某农信社按约定将借款支付给房地产公司。上述借款于 2012 年 12 月全部到期，房地产公司未清偿借款本金及相应利息。

《借款合同》到期后，房地产公司于 2015 年 10 月 29 日以无力偿还借款为由，向某农信社申请抵顶清算，某农信社于同年 12 月 30 日回函拒绝。2016 年 6 月 12 日，房地产公司再次向某农信社提出贷款抵顶化解申请，双方未达成一致意见。2016 年 9 月 20 日，某农信社向黑龙江省宁安市人民法院申请支付令，要求房地产公司偿还借款本金 9729 万元及利息。同日，黑龙江省宁安市人民法院作出支付令。2017 年 8 月 14 日，黑龙江省宁安市人民法院驳回某农信社的支付令申请。2017 年 8 月 24 日，房地产公司向黑龙江省宁安市人民法院就案涉借款本息申请实现担保物权，因某农信社对延迟履行的利息计算时间和方式有异议，故针对双方无争议的本金及期内利息部分，黑龙江省宁安市人民法院裁定准许拍卖、变卖案涉抵押物，并告知某农信社对有争议部分可另行主张权利。某农信社不服该裁定，分别起诉、上诉至黑龙江省高级人民法院、最高人民法院，黑龙江省高级人民法院及最高人民法院均驳回了某农信社的起诉、上诉，告知某农信社在申请实现担保物权案执行终结后，可就其未实现的债权另行提起诉讼。在申请实现担保物权案中，黑龙江省宁安市人民法院裁定将案涉抵押物及其附属设施（包括土地使用权）抵偿某农信社本金及期内利息，占以上资产及相应的土地使用权的 56.9%。2019 年 5 月 20 日，黑龙江省宁安市人民法院作出结案通知。

【案件焦点】

房地产公司是否应当偿还案涉借款的逾期利息，即某农信社是否怠于行使抵押权。

【法院裁判要旨】

黑龙江省牡丹江市中级人民法院经审理认为：关于房地产公司应否偿还案涉借款逾期利息、罚息及借款本息偿还之日的利息问题。某农信社分支机构某信用社与房地产公司签订的六份《借款合同》合法有效。某农信社依约履行了发放贷款义务，房地产公司应按约定全面履行还款并支付利息的义务。案涉借款到期后，房地产公司未按合同约定偿还贷款本金及利息，而是以申请实现担保物权的方式，于2019年4月28日以抵押物流拍价格抵偿了案涉借款本金及借款期限内的利息，对《借款合同》到期后的逾期利息及罚息仍需按合同约定向某农信社支付。黑龙江省宁安市人民法院（2017）黑1084民特3号民事裁定房地产公司申请某农信社实现担保物权案强制执行完毕后，某农信社有权根据实际逾期天数，按合同约定的贷款利率和罚息利率，向房地产公司主张权利。关于《借款合同》到期后的罚息，在房地产公司逾期还款的情形下，某农信社有权在借款利率基础上加收50%作为罚息利率计收罚息。在《借款合同》到期后，房地产公司虽未按约定偿还借款，但于2015年10月29日以无力偿还借款为由，向某农信社书面申请抵顶清算，某农信社于同年12月30日给房地产公司回函称“未通过贵公司的抵顶清算报告，并要求房地产公司及时履行还款义务”。此后，房地产公司又于2017年8月24日向黑龙江省宁安市人民法院申请实现担保物权，要求裁定拍卖抵押房产偿还案涉债务。黑龙江省宁安市人民法院于2017年9月20日作出民事裁定：准许拍卖、变卖抵押房产偿还案涉债务，房地产公司于2017年11月13日向黑龙江省宁安市人民法院申请执行。以上事实表明房地产公司作为债务人自2015年10月29日明确表示以抵押物抵顶的方式积极偿还到期债务，而某农信社怠于行使债权，罚息应以本金3400万元为基数，按月利率4.35‰计算，自借款逾期之日即2012年8月19日计算至2015年10月29日，合计为5748380元。综上，房地产公司应给付某农信社逾期利息、罚息合计73171306.50元。

综上，黑龙江省牡丹江市中级人民法院依照《中华人民共和国合同法》第四十四条、第六十条、第二百零五条、第二百零六条、第二百零七条，《中华人民共和国担保法》第三十三条、第三十四条、第五十三条规定，判决：

一、房地产公司于判决生效之日起十日内偿还某农信社借款逾期利息、罚息共计73171306.50元；

二、如房地产公司未能在判决规定期限内履行上述还款义务，某农信社有权对三处房屋，房屋不可分物、其他辅助设施3项、管道沟槽1项、机器设备13项等资产及以上房屋坐落相连的三块土地使用权面积共计5422.05平方米房地产公司享有的43.1%份额在抵押担保范围内拍卖、变卖的价款优先受偿；

三、驳回某农信社的其他诉讼请求。

房地产公司不服一审判决，提起上诉。

黑龙江省高级人民法院经审理认为：关于房地产公司是否应当偿还逾期利息，如果应当偿还，逾期利息的截止日应计算到何时的问题。案涉六份《借款合同》及两份《借款展期协议》约定的最迟还款日为2012年12月21日，借款到期后，房地产公司未按约定履行全部还款义务，而是于2017年8月24日以申请实现担保物权的方式，由黑龙江省宁安市人民法院采取强制执行措施于2019年4月28日清偿了全部借款本金和期内利息。关于本案双方当事人主要争议的逾期利息问题，房地产公司主张其不应偿还2015年10月29日之后的逾期利息，主要有以下两个理由：第一，因房地产公司无法按约定偿还借款本息，其于2015年10月29日以书面形式向某农信社发出以物抵债的抵顶清算申请，但某农信社怠于行使抵押权造成损失的扩大。第二，在房地产公司申请实现担保物权后，某农信社以其自己及某信用社名义分别提起诉讼要求房地产公司偿还借款本息并行使优先受偿权，且在申请实现担保物权一案执行期间，某农信社提出执行异议、复议要求中止拍卖程序，上述行为系某农信社恶意拖延时间、计算逾期利息的表现。关于房地产公司的第一个理由，因某农信社作为债权人，有权选择实现债权的方式，且抵押权属于担保物权，其价值在于保障抵押权人的债权优先于普通债权获得清偿，亦未排除债权人选择以金钱等其他方式获得债权清偿的权利，尤其是案涉借款到期后，在2013年至2016年，双方一直就如何偿还借款问题进行协商，某农信社亦于2016年9月20日申请支付令，故综合上述案件事实，不足以认定某农信社怠于行使抵押权。关于房地产公司的第二个理由，因某农信社的上述诉讼行为并不被法律所禁止，况且在某农信社申请支付令案中，支付令生效后，房地产公司亦针对利息问题提出过异议，故不论上述诉讼行为是否得到法院支持，均不能排除上述诉讼行为系法律赋予当事人的诉讼权利，且黑龙江省宁安市人民法院（2017）黑1084民特3号民事裁定书、黑龙江省高级人民法院（2017）黑民初218号民事裁定书及最高人民法院（2018）最高法民终562号生效民事裁定书，均认定在申请实现担保物权一案执行终结后，某农信社可就其未实现的债权另行提起诉讼，故某农信社有权就案涉逾期利息提起本案诉讼，房地产公司亦应依法支付相应的逾期利息。因逾期利息是借款人未按合同约定的期限返还借款而应支付的超期利息，属于惩罚性质的利息，且案涉《借款合同》均约定计收罚息直至本息清偿为止，而案涉借款本金及期内利息是通过强制执行程序清结，故一审法院认定房地产公司应按约定向某农信社支付逾期利息至2019年4月28日，即房地产公司以抵押物及其附属设施（包括相应土地使用权）56.9%的份额抵偿案涉借款本金及期内利息之日并无不当。

综上，黑龙江省高级人民法院依照《中华人民共和国民事诉讼法》第一百七十条第一款第一项规定，判决：

驳回上诉，维持原判。

【法官后语】

借款合同纠纷案件中，债务人未按约定履行还款义务后，债务人不能强求债权人必须采取抵押物抵顶债权的方式清算债权。就抵押权的价值而言，抵押权是以担保特定债权得到清偿为目的的保全性抵押权，其价值功能主要在于，抵押权人与普通债权人相比，有权就抵押物拍卖或者变卖所得价款优先受偿，并且在债务人破产时，抵押权人享有别除权，仍可就抵押物拍卖或者变卖所得价款优先受偿，如此就保障了抵押权人的债权利益，即未排除债权人选择以金钱等其他方式获得债权清偿的权利，故判断债权人是否怠于行使抵押权，应综合案件相关事实予以认定，且债权人如何行使抵押权，还涉及如何理解适用《中华人民共和国民法典》第四百一十九条问题。

第一，关于抵押权行使期间的性质问题。《中华人民共和国民法典》第四百一十九条规定了抵押权的行使期间和主债权诉讼时效期间重合，而关于抵押权行使期间的性质的认定，理论界存在争议。

第一种观点认为，主债权的诉讼时效期间届满后，抵押权还有两年的存续期间。但是，在抵押人为第三人时，如果抵押人在这两年存续期间内承担了抵押责任，则其有权向债务人追偿，但债务人此时可以主债权超过诉讼时效作为抵押人不能向其追偿的抗辩。

第二种观点认为，抵押权行使期间是固定期间。但是，主债权的诉讼时效期间可能因债权人的主张或者债务人的履行等其他原因发生中止或者中断，这可能导致主债权的诉讼时效期间尚未届满，抵押权却已经消灭。

第三种观点认为，抵押权的行使期间是抵押权具有从属性的具体表现，抵押权的行使期间应与主债权的诉讼时效一致。笔者认同此种观点，此观点亦是《中华人民共和国民法典》采纳的观点。因为如果允许抵押权一直存续，可能会使抵押权人怠于行使抵押权，而抵押权是主债权的从权利，所以抵押权的行使期间应与主债权的诉讼时效相一致。

第二，本案债权人不属于怠于行使抵押权情形的认定。就本案而言，债权人某农信社及时行使抵押权。虽然债务人房地产公司也曾发函要求债权人行使抵押权，但债权人与债务人一直就如何还款进行协商，且债权人有权选择实现债权的方式，抵押权属于担保物权，其价值在于保障抵押权人的债权优先于普通债权获得清偿，亦未排除债权人选择以金钱等其他方式获得债权清偿的权利。债权人还曾提起支付令，虽然支付令被驳回，但综合上述案件事实，不足以认定债权人怠于行使抵押权。虽然本案本金及期内利息的清偿是通过债务人申请实现担保物权案实现的，但逾期利息是借款人未按合同约定的期限返还借款而应支付的超期利息，属于惩罚性质的利息，且在案涉《借款合同》明确约定了计收罚息直至本息清偿为止，而案涉借款本金及期内利息是通过强制执行程序清结的，故债务人仍应当支付逾期利息。

编写人：黑龙江省高级人民法院　周纹婷

34

抵押权担保范围在合同约定与抵押登记不一致时的正确认定

——农商行诉经贸公司金融借款合同案

【案件基本信息】

1. 裁判书字号

山东省淄博市中级人民法院（2020）鲁03民终2739号民事判决书

2. 案由：金融借款合同纠纷

3. 当事人

原告（上诉人）：农商行

被告（被上诉人）：经贸公司

【基本案情】

2014年8月27日，经贸公司与农商行签订借款合同，约定经贸公司向农商行借款650万元，借款到期日为2017年8月26日，同时对借款利息、还款时间、违约责任等进行了约定。同日，经贸公司与农商行签订最高额抵押合同，约定经贸公司以其名下相关土地使用权为上述借款提供抵押担保，在10602100元的最高余额内，抵押权人依据与经贸公司签订的借款合同而享有对债务人的债权。该抵押合同签订后双方办理了抵押登记，抵押登记的抵押金额为650万元。借款合同到期后，经贸公司未按时还款。2017 年 8 月 26 日，农商行与经贸公司签订展期协议，展期金额 6499000 元，展期到期日为 2018 年 8 月 25 日，展期协议同时对借款利息、还款时间、违约责任等进行了约定。

【案件焦点】

农商行对经贸公司的抵押权的抵押担保范围如何认定。

【法院裁判要旨】

山东省淄博市临淄区人民法院经审理认为：农商行与经贸公司签订的合同合法有效，农商行依约向经贸公司发放贷款，经贸公司应按约还本付息，在农商行对经贸公司展期后，经贸公司仍未及时归还借款本息，故农商行主张经贸公司归还借款本息，并主张对经贸公司抵押财产行使优先受偿权，依法应予支持。

山东省淄博市临淄区人民法院依照《中华人民共和国合同法》第一百零七条、第二百零五条、第二百零六条、第二百零七条，《中华人民共和国担保法》第三十三条规定，判决：

一、经贸公司归还农商行借款本金 6498999 元，于本判决生效后十日内付清；

二、经贸公司支付农商行利息（以 6498999 元为本金，自 2018 年 8 月 21 日起至实际给付之日止，按合同约定的利率计算利息），与第一项同时付清；

三、农商行对经贸公司抵押财产的变价款在抵押金额 650 万元范围内享有优先受偿权。

农商行不服一审判决，提起上诉。

山东省淄博市中级人民法院经审理认为：关于农商行对经贸公司享有抵押权的抵押范围，农商行与经贸公司在最高额抵押合同中明确约定“抵押人最高额抵押担保的范围包括主债权本金、利息、罚息、复利、违约金、损害赔偿金以及实现抵押权的费用等”“抵押人所担保的主债权在 10602100 元的最高余额内，抵押权人依据与经贸公司签订的借款合同而享有对债务人的债权”。农商行与经贸公司在办理抵押登记时，因不动产中心登记系统未设置“担保范围”栏目，仅有“抵押金额”的表述，且只能填写固定数字，致使合同约定的担保范围与登记不一致。该不一致系因登记系统设置及登记规则造成，不能否定双方之间关于担保范围的约定，亦不能以他项权证上记载的抵押金额作为最高抵押限额。因此，农商行在最高额抵押合同约定的担保范围内对抵押物享有优先受偿权。一审判决认定农商行在他项权证记载的抵押金额650万元范围内享有优先受偿权不当，应予纠正。据此，二审改判农商行有权就经贸公司设定抵押的土地使用权以折价或者拍卖、变卖所得的价款在主债权最高余额10602100元及相应利息范围内优先受偿。

综上，山东省淄博市中级人民法院依照《中华人民共和国物权法》第一百七十三条、第一百九十五条，《中华人民共和国民事诉讼法》第一百七十条第一款第二项规定，判决：

一、维持山东省淄博市临淄区人民法院民事判决第一项、第二项，即经贸公司归还农商行借款本金6498999元，于本判决生效后十日内付清；经贸公司支付农商行利息（以6498999元为本金，自2018年8月21日起至实际给付之日止，按合同约定的利率计算利息），与第一项同时付清；

二、变更山东省淄博市临淄区人民法院民事判决第三项“农商行对经贸公司抵押财产的变价款在抵押金额650万元范围内享有优先受偿权”为：农商行有权就经贸公司设定抵押的土地使用权以折价或者拍卖、变卖所得的价款在主债权最高余额10602100元及相应利息范围内优先受偿。

【法官后语】

本案主要涉及抵押权的担保范围在合同约定与抵押登记不一致时的正确认定问题。

关于抵押财产内容和被担保债权范围，实践中确实存在抵押合同约定与不动产登记记载内容不一致的现象。如在本案中，借贷双方签订最高额抵押合同对涉案借款设定了抵押权，但对于抵押权担保范围，双方合同约定的内容和在不动产登记机构的登记内容并不一致。而本案一、二审对此项内容的不同判决结论实际上也代表了当前对抵押合同约定与抵押登记记载不一致时的两种不同意见。

第一种意见认为应以合同约定为准，理由是《中华人民共和国民法典》第三百八十九条规定："担保物权的担保范围包括主债权及其利息、违约金、损害赔偿金、保管担保财产和实现担保物权的费用。当事人另有约定的，按照其约定。"因此，既然法律已经明确规定了担保物权的范围以及对此还可以另有约定，那么如果像抵押合同这样的担保合同中约定的担保范围依法就应当包括利息、违约金、损害赔偿金、保管担保财产和实现担保物权的费用等，即使这些范围性内容没有在登记簿上登记，依照上述法律规定也应当以担保合同约定的内容为准。

第二种意见认为应以抵押登记为准，理由是《中华人民共和国民法典》第二百一十六条明确规定："不动产登记簿是物权归属和内容的根据。不动产登记簿由登记机构管理。"据此，不动产物权登记具有公示公信的效力，其依法具有对抗当事人约定的效力。故从对外公示公信效力和据此导出的优先保护相对人的合理信赖利益的角度出发，应当以不动产登记记载的抵押范围内容为准。

从像本案这样已经产生的案件来看，实践中存在抵押财产及其被担保债权范围出现抵押合同约定与不动产登记记载不一致的情况，并非《中华人民共和国民法典》第二百一十六条和第三百八十九条存在冲突造成的，实际上这两处法律规定从理论上讲也不应存在冲突。首先从抵押担保范围来看，《中华人民共和国民法典》第三百八十九条明确规定了担保物权的担保范围，即抵押作为典型的担保物权，只要依约设定，那么其范围依法就应包括主债权及其利息、违约金、损害赔偿金、保管担保财产和实现担保物权的费用，当然当事人对此可以另有约定。其次从抵押登记来看，《中华人民共和国民法典》明确规定"不动产登记簿是物权归属和内容的根据"，这也集中体现了物权法定和物权公示之原则。最后二者从理论上讲不应存在冲突。抵押作为担保物权的一种，其依法应当登记设定，双方在形成抵押合同后必须依法进行不动产权登记方可最终成立合法的抵押权。即先通过合同约定再进行抵押登记而使抵押权生效。所以从理论上讲，抵押财产及其被担保债权范围在合同约定后再去进行不动产登记，是法律规定的流程，不应出现内容上的矛盾冲突。而现实中出现上述内容上的矛盾冲突，则通常都是因为一些地区不动产登记机构提供的不动产登记簿上仅有“被担保主债权数额”或“最高债权数额”的表述，其中并没有“担保范围”这样的与法律规定一致的栏目称呼，且不动产登记机构的登记规则要求此项只能填写固定数字。但实践中抵押合同的签订都是为了最大限度地保证债权人的权益，其中一般都会约定抵押担保范围包括主债权及其利息、违约金及实现债权和抵押权的费用，等等。由此可见，这一问题的出现根源在于不动产登记机构对于抵押登记的栏目设置上，而不在于法律本身或当事人本身。因此，《全国法院民商事审判工作会议纪要》基于解决现实紧迫问题和平衡各方利益的考虑，其在第五十八条规定，以登记作为公示方式的不动产担保物权的担保范围，一般应当以登记的范围为准。但是，我国目前不动产担保物权登记，不同地区的系统设置及登记规则并不一致，人民法院在审理案件时应当充分注意制度设计上的差别，作出符合实际的判断：一是多数省区市的登记系统未设置“担保范围”栏目，仅有“被担保主债权数额（最高债权数额）”的表述，且只能填写固定数字。而当事人在合同中又往往约定担保物权的担保范围包括主债权及其利息、违约金等附属债权，致使合同约定的担保范围与登记不一致。显然，这种不一致是由于该地区登记系统设置及登记规则造成的该地区的普遍现象。人民法院以合同约定认定担保物权的担保范围，是符合实际的妥当选择。二是一些省区市不动产登记系统设置与登记规则比较规范，担保物权登记范围与合同约定一致在该地区是常态或者普遍现象，人民法院在审理案件时，应当以登记的担保范围为准。对此问题首次明确了裁判思路和处理规则，要求分两种情况予以处理：第一种情况是一些地区而且是“多数省区市”不动产担保物权登记的系统设置和登记的规则设计不规范，从而造成不动产担保物权登记记载与担保合同约定不一致，这种情况下人民法院须以担保合同约定来认定担保物权的担保范围；第二种情况则是一些地区不动产担保物权登记的系统设置和登记的规则设计已经比较规范，担保物权登记范围与合同约定一致在该地区已经是常态或者普遍现象，这种情况下人民法院在审理案件时就应当以登记的担保范围为准。

编写人：山东省淄博市中级人民法院　荣明潇
山东省淄博市临淄区人民法院　刘海红

35

抵押房产涉及刑事犯罪的，民事案件中抵押权的行使能否优先于刑事的追赃、退赔

——某银行诉吕某金融借款合同案

【案件基本信息】

1. 裁判书字号

北京市第二中级人民法院（2020）京02民终6144号民事判决书

2. 案由：金融借款合同纠纷

3. 当事人

原告（上诉人）：某银行

被告（被上诉人）：吕某

【基本案情】

2013年11月5日，吕某与某银行订立《个人授信及担保协议》，约定，某银行为吕某提供总额为445万元的授信额度，授信期间240个月，自2013年11月5日至2033年11月5日。同日，吕某与某银行订立《个人贷款借款合同》，约定，某银行向吕某提供贷款445万元，用于购买一手房，贷款期限240个月，自2013年11月5日至2033年11月5日，年利率6.55%。前述合同订立后，某银行向吕某发放贷款445万元。吕某以其名下的房屋为该债务提供抵押担保。

2014 年 9 月 15 日，某银行与吕某就前述抵押房产办理了抵押登记。

2017 年 3 月 17 日，陈某与吕某订立《协议书》，约定：吕某名下的案涉抵押房产实际拥有人是陈某，陈某委托宋某将该房屋出售，该房屋所产生的剩余银行贷款以及其他陈某所有债务都与吕某无关。北京市丰台区人民法院于 2018 年 11 月 30 日作出（2018）京 0106 刑初 270 号刑事判决书，该判决书载明，吕某在该案中作为证人陈述称案涉抵押房产系陈某实际出资，为陈某所有，陈某在该案中陈述其出资购买的前述房产可以出售退还投资人；判决书主文为，“一、陈某犯非法吸收公众存款罪，判处有期徒刑二年六个月，并处罚金人民币十万元；二、责令陈某退还投资人损失，分别发还各投资人；三、已查封的房屋予以变价，所得价款并入本判决第二项执行”。前述刑事判决书已经发生法律效力。

吕某在履行还款义务的过程中出现逾期还款的情形，截至 2019 年 12 月 18 日，吕某欠付某银行借款本金 3975575.83 元、利息 468349.60 元、罚息 38128.26 元、复息 43581.43 元。某银行随后起诉至法院。

【案件焦点】

当抵押物涉及刑事犯罪，民事案件中抵押权的行使能否优先于刑事追赃、退赔。

【法院裁判要旨】

北京市西城区人民法院经审理认为：某银行与吕某签订的《个人授信及担保协议》和《个人贷款借款合同》，均系双方当事人的真实意思表示，经审查亦无导致合同无效的情形，均属合法有效合同，双方当事人均应按照约定行使权利和履行义务。关于某银行提出的吕某偿还借款本息并支付律师费的诉讼请求，法院认为，吕某以本人名义利用本人资信向某银行申请贷款，某银行基于对吕某资信的审核同意出借款项，双方订立《个人授信及担保协议》和《个人贷款借款合同》，某银行实际向吕某出借了 445 万元，吕某亦应当按照合同约定按时足额偿还借款，其逾期还款的行为构成违约，应当承担违约责任偿还全部借款本息并支付罚息及复利。某银行为实现债权实际支出律师费 5000 元，按照合同约定应当由吕某承担。因此，某银行前述诉讼请求符合合同约定，法院予以支持。吕某以前述款项实际用款人以及案涉房产实际所有人并非其本人为由不同意偿还借款的意见，法院认为吕某作为完全民事行为能力人，以本人名义与某银行订立借款合同，即应当预见该行为的后果并受到合同条款的约束，其与陈某关于案涉借款还款责任的约定不能约束某银行，某银行有权要求吕某履行合同约定偿还欠款。吕某前述意见，法院不予采纳。关于某银行提出的对案涉房产实现抵押权的诉讼请求。法院认为，案涉房屋以吕某名义购买，其与某银行订立了担保合同并办理了抵押登记，抵押权有效设立，吕某与陈某内部关于案涉房屋权属的约定不具有对外效力。北京市丰台区人民法院作出刑事判决判定陈某犯非法吸收公众存款罪，将前述抵押房产予以变价退还投资人损失，该刑事判决书已经生效法院不持异议。因前述判决书已经对案涉抵押房产作出处置，若该房屋处置后退还（2018）京 0106 刑初 270 号刑事判决书认定的投资人尚有剩余的，某银行在该剩余价值内在本判决确定的债权范围内享有优先受偿权。

北京市西城区人民法院依照《中华人民共和国合同法》第八条、第六十条第一款、第二百零五条、第二百零六条、第二百零七条，《中华人民共和国物权法》第一百七十九条规定，判决：

一、吕某于本判决生效后十日内偿还某银行截至 2019 年 12 月 18 日的借款本金 3975575. 83 元、利息 468349. 60 元、罚息 38128. 26 元、复息 43581. 43 元，以及自 2019 年 12 月 19 日起至上述款项实际清偿之日止的利息、罚息、复息；

二、吕某于本判决生效后十日内给付某银行律师费 5000 元；

三、若案涉房屋经（2018）京 0106 刑初 270 号刑事案件执行完毕后尚有剩余的，某银行在本判决书第一项、第二项确定的债权范围内就该剩余部分享有优先受偿权。

某银行不服一审判决，提起上诉。

北京市第二中级人民法院经审理认为：一审法院判决支持某银行要求吕某

偿还剩余借款本金、利息、罚息、复息并承担律师费的诉讼请求，具有事实和法律依据，法院予以确认。

关于某银行要求对案涉房产实现抵押权的上诉请求。法院认为一审法院相关认定缺乏法律依据，理由如下：第一，案涉房产以吕某名义购买，其与某银行订立了抵押担保合同并办理了抵押登记，抵押权合法设立；第二，虽然吕某与陈某对案涉房产权属另有约定，但二人之间的约定不能对抗抵押登记的效力；第三，案涉刑事判决仅显示出刑事判决将案涉房产拍卖、变卖价款纳入发还投资人的范围，但未明确排除某银行作为抵押权人享有优先受偿的权利。因此，一审法院在未否定某银行善意取得的情况下以案涉刑事判决为依据对某银行享有的优先受偿权予以排序并作出判决，缺乏法律依据。某银行的上诉主张成立，对其上诉请求，法院予以支持。

关于吕某在诉讼中所提本案真正买房人是陈某，购房首付款都由陈某办理，房产是陈某实际控制的，生效判决认定了房屋真正所有人是陈某，吕某不应承担还款责任。法院认为，吕某作为完全民事行为能力人，以本人名义和资质与某银行订立借款合同，应当预见该行为产生的后果并受合同条款的约束，其与陈某关于案涉借款还款责任的约定不能约束某银行，某银行有权要求吕某履行合同约定的还本付息义务。

北京市第二中级人民法院依照《中华人民共和国民事诉讼法》第一百七十条第二款规定，判决：

一、维持北京市西城区人民法院民事判决第一项、第二项；

二、撤销北京市西城区人民法院民事判决第三项；

三、某银行就拍卖、变卖吕某名下房屋所得价款对本判决第一项确定的吕某的债务享有优先受偿权。

【法官后语】

在民刑交叉案件中，最主要的冲突在于对案涉财产的分配，民事权利人能否得到相应救济。本案的争议焦点是，当抵押物涉及刑事犯罪，民事案件中的抵押权的行使能否优先于刑事退赔？现结合本案予以全面分析：

一、抵押权的善意取得

《中华人民共和国民法典》第三百一十一条对善意取得作出了规定："无处分权人将不动产或者动产转让给受让人的，所有权人有权追回；除法律另有规定外，符合下列情形的，受让人取得该不动产或者动产的所有权：（一）受让人受让该不动产或者动产时是善意；（二）以合理的价格转让；（三）转让的不动产或者动产依照法律规定应当登记的已经登记，不需要登记的已经交付给受让人……当事人善意取得其他物权的，参照适用前两款规定。"因此，判断某银行是否善意取得案涉房产抵押权，应当依据上述三个条件即是否善意、有无合理对价以及是否有权利外观来进行判断。关于抵押权合理对价的判断可以依据主债权来判断。本案中，涉案房屋以吕某名义购买，某银行取得涉案房屋抵押权的时点是其发放贷款之时，此时案外人陈某所涉嫌的犯罪并未案发。吕某的抵押意思表示真实且签字合法，抵押登记手续完整，他项权利证书登记事项与不动产登记簿记载一致，全套法律文件亦经过公证。所以，整个抵押登记行为并不存在瑕疵，抵押登记行为合法有效，符合法律规定。某银行依照诚实信用原则向借款人吕某发放了贷款，为取得抵押权支付了合理对价。因此可以得出，某银行对借款人所设立的抵押权是善意的，应当得到法律的保护。

二、抵押权行使与刑事追缴、退赔的先后顺序

1. 在处理涉刑事案件的案涉房产时，房产上负有合法有效的抵押权，刑事裁判认定案涉房屋系被执行人用其所吸收的款项以其他人名义购置，但是该裁判并未否定案涉抵押合同的效力，在没有证据证明抵押权人知道或应当知道案涉房屋系赃款购置以及抵押权人尽到注意义务的情况下，抵押权人作为善意第三人，其对案涉房屋享有抵押权，当然对房屋执行案款享有优先受偿权。因此，抵押房产虽系赃款所购，但作为善意第三人的抵押权人仍可就执行抵押财产所得款项请求优先受偿。在本案中，一审判决的思路明显受到"先刑后民"的思路限制，在未否定某银行系案涉房屋善意取得第三人身份的情况下，却以固有的"先刑后民"思路对某银行享有的优先受偿权予以排序，导致银行债权无法得到足额清偿，这种审判思路在二审中予以纠正。

2. 根据《最高人民法院关于刑事裁判涉财产部分执行的若干规定》第十三条规定："被执行人在执行中同时承担刑事责任、民事责任，其财产不足以支付的，按照下列顺序执行：（一）人身损害赔偿中的医疗费用；（二）退赔被害人的损失；（三）其他民事债务；（四）罚金；（五）没收财产。债权人对执行标的依法享有优先受偿权，其主张优先受偿的，人民法院应当在前款第（一）项规定的医疗费用受偿后，予以支持。"也就是说，即使生效刑事判决将案涉抵押房产没收，也不影响成立在先的债权人基于抵押权享有的优先受偿权。本案中，借款人吕某对某银行所负债务为合法债务，抵押房屋已办理抵押登记，故某银行对该抵押登记房屋应具有优先受偿权。抵押房屋虽被列入刑事案件退赔的财产范围，但根据上述规定，某银行作为债权人主张对刑事案件中的执行标的即抵押房屋享有优先受偿权的，应予以支持，且该优先受偿权的顺位优先于刑事被害人获得退赔的权利。

三、民刑交叉案件分别审理的审理原则

在实务中审理民刑交叉案件时，"先刑后民"原则已成为相当一部分司法工作人员固有思维模式，一旦案件存在刑民交叉问题，一律要求民事问题的解决必须等待刑事案件的处理结果，即使债权人办理了抵押权登记，其也无法享有优先受偿的权利，"人为的"将抵押权与其他民事债务放置于同一清偿顺位。但是由于刑法和民法规范目的、功能、证明标准等方面的不同，行为在刑法意义上和民法意义上存在区别。因而尽管某些行为在刑法领域被追究刑事责任，但其引发的民事法律后果可以独立通过民事诉讼来认定，这也是民刑交叉案件分别审理的原因。《全国法院民商事审判工作会议纪要》在第一百二十八条对民刑交叉的程序处理问题进行了明确规定，"同一当事人因不同事实分别发生民商事纠纷和涉嫌刑事犯罪，民商事案件与刑事案件应当分别审理……"

综上，民刑交叉案件中，抵押财产虽涉及刑事犯罪，但只要该财产上的抵押权是基于合法有效设立或善意取得，其行使不受刑事追缴影响；如已追缴，抵押权也先于刑事退赔受偿。

编写人：北京市丰台区人民法院　付晨晨

36

银行对抵押物未能办理抵押登记有过失的，减轻保证人责任

——某银行诉房地产公司、杨某金融借款合同案

【案件基本信息】

1. 裁判书字号

山东省日照市中级人民法院（2019）鲁11民终第358号民事判决书

2. 案由：金融借款合同纠纷

3. 当事人

原告（被上诉人）：某银行

被告（上诉人）：房地产公司

被告（被上诉人）：杨某

【基本案情】

2010年5月27日，房地产公司与杨某签订《商品房买卖合同》，约定杨某向房地产公司购买楼房一套，价款186000元，杨某首付56000元，余款办理按揭贷款手续。之后，某银行、房地产公司、杨某三方签订《个人购房担保借款合同》，约定某银行向杨某提供购房款13万元，贷款期限自2010年7月29日至2030年7月28日；借款由杨某购买的房产作为抵押担保；并约定房地产公司为杨某的借款提供阶段性担保，房屋能够进行抵押登记时，抵押人应及时通知贷款人并在法定期限内办妥抵押登记。

杨某自2018年3月起未再按约履行还款义务，截至2018年10月6日累计拖欠本金94552.3元。房地产公司于2011年5月30日前将房屋交付杨某，并

最终协助杨某于2012年12月5日办理了房屋所有权证，于2013年1月25日办理了国有土地使用权证。然而某银行未与杨某办理房屋的抵押预告登记和正式抵押登记。至2015年4月，杨某因另案民事纠纷，其所购涉案房屋被法院依法拍卖清偿债务。

【案件焦点】

某银行在办理抵押业务中有无过失，应否减免房地产公司的保证责任。

【法院裁判要旨】

山东省日照经济技术开发区人民法院经审理认为：案涉担保借款合同依法成立并合法有效，当事人均应按照合同约定的内容完全履行合同义务。某银行按约向杨某发放借款13万元，但杨某未能按约归还借款本息，构成违约，且涉案房屋已被依法拍卖，导致某银行的合同目的已无法实现，某银行有权向杨某提前宣布借款到期，收回借款本息。房地产公司的担保责任未超出保证合同约定范围及保证期限，应承担连带清偿责任。某银行提交的证据足以证明截至2018年10月6日，杨某尚欠本金为94552.3元。

山东省日照经济技术开发区人民法院依据《中华人民共和国合同法》第六十条、第一百零七条、第一百九十六条、第二百零五条、第二百零六条、第二百零七条，《中华人民共和国担保法》第十八条、第三十一条，《中华人民共和国民事诉讼法》第二百五十三条规定，判决：

一、杨某于判决生效之日起五日内向某银行偿还个人购房担保借款合同项下借款本金94552.3元及利息（按合同约定支付）；

二、房地产公司在其保证范围内对杨某的还款义务承担连带清偿责任。房地产公司在承担保证责任后，有权向杨某追偿。

房地产公司不服一审判决，提起上诉。

山东省日照市中级人民法院经审理认为：杨某借款后未按照合同约定履行还本付息的义务，自应向某银行承担违约责任。但房地产公司的阶段性保证担保未能得以解除不仅是房地产公司的缘故，其中更有某银行的过失。房地产公司作为房产开发商，对房屋权属登记何时办妥，房屋正式抵押登记何时可以开始办理应该完全知悉。其未将办理房屋抵押手续前提条件已经具备的事实通知某银行，亦未通知解除保证合同，未履行法定的合同附随义务。但某银行未按借款合同约定办理抵押预告登记，以阻却他人为该房屋设定其他权利负担或作其他处分，是房屋最终未办理抵押登记并被另案强制执行的主要原因。某银行未尽谨慎的注意义务，放任抵押物风险的发生，明显有违诚信原则。综上，某银行对于房地产公司阶段性保证担保未能如约解除存在主要过失，其对于保证合同项下债权风险的发生具有明显过错，应减轻房地产公司连带清偿责任。据此，结合本案实际，某银行承担 70%责任，房地产公司对于涉案借款本息应承担 30%的连带赔偿责任，房地产公司在承担保证责任后，有权向杨某追偿。

山东省日照市中级人民法院依照《中华人民共和国合同法》第一百七十四条，《最高人民法院关于审理买卖合同纠纷案件适用法律问题的解释》第三十条，《中华人民共和国民事诉讼法》第一百七十条第一款第一项、第二项规定，判决：

一、维持山东省日照经济技术开发区人民法院民事判决第一项；

二、变更山东省日照经济技术开发区人民法院民事判决第二项为“房地产公司在其保证范围内对杨某的还款义务承担 30%的连带清偿责任。房地产公司在承担保证责任后，有权向杨某追偿”；

三、驳回某银行的其他诉讼请求。

【法官后语】

本案是典型的金融借款合同纠纷。银行按揭贷款购房交易中，借款人以购买的房屋作为抵押担保是商业惯例。但因签订贷款购房合同时房屋往往暂时未办理不动产权属登记，故无法办理正式抵押登记，只能先办理抵押预告登记，以便阻却他人为该房屋设定其他权利负担或作其他处分。为保证银行债权的安全，在正式抵押登记办理完毕前，暂时由开发商为借款提供阶段性保证担保。抵押预告登记或抵押登记因人为因素特别是银行的原因未能及时办理，导致房屋最终无法设立抵押权的，购房人借款逾期后不能一概要求开发商承担全部的保证责任，应视具体情况而定。

值得注意的是，在整个按揭贷款办理的过程中，预告抵押登记作为保证借款合同履行、保证合同解除的第一道防护锁，其作用至关重要，银行应主动积极地行使自己的权利。但在实践中，银行有时放任贷款风险的发生，对于未办理预告抵押登记的过错明显，从而导致抵押登记未顺利办理，致使房屋之上设立其他权利或被另行处分，甚至在购房者涉及其他案件时被强制执行。在借贷为主合同，担保为从合同的债权债务关系中，仅凭现有的证据作为责任分配的认定依据尚有不足，许多时候还应追溯至民事基本原则中来确定责任的分配。某银行作为专业的金融机构，即便房地产公司未通知某银行房屋已具备办理正式抵押登记的条件，某银行凭商品房买卖合同中关于交房时间、办理权属手续的时间约定，也应对房屋权属手续办妥的时间存在合理预判。在房屋可以办理抵押登记手续后，积极行使自己的义务。某银行放任贷款风险发生，权利意识淡薄，其对于未办理预告登记过错明显，而未办理预告登记是房屋最终未办理抵押登记并被另案强制执行的主要原因，并且在阶段性担保期间，某银行一直疏于对房屋状况的主动核查，未尽到谨慎的注意义务，对于自己的抵押权能否设立漠不关心，更不顾及保证人承担阶段性保证担保的期限被过度延长，在长达四年的时间内放任抵押物风险的发生，明显违背诚信原则，存在主要过失，承担主要责任。某银行对于房地产公司阶段性保证担保未能如约解除存在主要过失，其对于保证合同项下债权风险的发生具有明显过错，应减轻房地产公司的连带责任。

编写人：山东省日照市中级人民法院　王彦祺

37

登记抵押权人与实际债权人不一致，债权人能够证明其为真实权利人，可主张优先受偿权

——全某诉许某、黄某民间借贷案

【案件基本信息】

1. 裁判书字号

广东省珠海市香洲区人民法院（2018）粤0402民初7884号民事判决书

2. 案由：民间借贷纠纷

3. 当事人

原告：全某

被告：许某、黄某

第三人：卢某

【基本案情】

许某、黄某系夫妻关系。2017年4月20日，全某与许某、黄某签订《个人住房抵押借款合同》，约定许某、黄某向全某借款55万元用于资金周转，借款期限5年，从2017年5月8日至2022年5月7日，固定月利率1.17%，按月结息，采用等额本息还款方法。合同还约定许某提供案涉房屋作为抵押担保。全某提供同日《授权委托书》载明，全某因个人原因委托卢某作为全某与许某、黄某签订《个人住房抵押借款合同》约定的抵押权人，与许某办理案涉房屋抵押登记手续。同日《抵押付款确认书》记载，出借人全某出借55万元给借款人许某和黄某，指定将上述房产抵押给抵押权人卢某等。全某补充提交的不动产权登记申请书、询问表、承诺书等资料显示：抵押权人卢某、抵押人许

某于2017年4月26日申请上述房产抵押登记，被担保主债权55万元，债务履行期限为2017年5月6日至2022年5月5日。备案合同为卢某与许某于2017年4月26日签订的《房地产借款抵押合同》，约定许某向卢某借款55万元，按银行贷款同期利率4倍计算利息等。2017年4月28日《不动产登记证明》显示抵押权申请人为卢某，义务人为许某。2017年5月8日，全某向许某转账支付55万元。卢某于2018年8月6日出具《确认书》，确认根据全某与许某、黄某于2017年4月20日签署的《个人住房抵押借款合同》约定，许某将涉案房屋抵押给卢某。

全某陈述，签订借款合同时卢某在场，因许某、黄某提出要求于2017年5月10日拿到钱，而全某要出差没有办法到房产交易中心，房产交易中心要求个人之间的抵押必须抵押人和抵押权人到现场，不能为他人办理，就由卢某作为抵押权人。

【案件焦点】

登记抵押权人与实际债权人不一致，实际债权人能够提供证据证明其为真实的权利人，登记抵押权人亦认可由实际债权人主张优先受偿权，实际债权人请求确认优先受偿权是否成立。

【法院裁判要旨】

广东省珠海市香洲区人民法院经审理认为：全某与许某、黄某形成民间借贷法律关系。全某与许某约定许某名下房产作为本案借款的抵押担保；同日，双方还与卢某约定将涉案房产抵押给卢某；卢某认可全某是实际抵押权人，办理抵押登记提交的合同中，许某、黄某向其借款55万元与本案是同一笔借款，明确由全某主张优先受偿权；办理抵押登记提交的借款合同与本案借款合同，关于借款金额、借款期限等基本一致；全某对于由卢某作为名义抵押权人亦作出解释。因此，可以认定许某将涉案房产抵押登记在卢某名下，其真实意思表示是为本案借款提供抵押担保，卢某名下设定抵押登记实际目的在于保障全某涉案借款实现债权，抵押房产担保的主债权应为全某与许某、黄某之间的借款关系，卢某为名义抵押权人，实际抵押权人为全某。

广东省珠海市香洲区人民法院依照《中华人民共和国物权法》第三十三条、第一百七十条、第一百七十三条、第一百七十九条、第一百八十条、第一百八十七条，《最高人民法院关于适用〈中华人民共和国物权法〉若干问题的解释（一）》第二条，《中华人民共和国民事诉讼法》第六十四条规定，判决：

全某对依法处分许某用于抵押的涉案房屋所得价款享有优先受偿权。

【法官后语】

不动产登记有公示公信的效力。司法实践中，存在不动产登记簿记载的权利状态与真实的权利状态不一致的情形。登记抵押权人与实际债权人不一致，债权人主张优先受偿权为典型情形之一。实务中各地法院对于债权人主张优先受偿权是否成立，裁判结果不一。

《中华人民共和国民法典》第二百一十六条第一款规定："不动产登记簿是物权归属和内容的根据。"不动产登记簿对不动产物权权属具有推定力，这种推定力是对权利存在与否的推定，而非对原因行为存在与否的推定。不动产登记是不动产物权的公示方式，公示的目的在于产生公信力，登记本身不能创设权利。不动产物权变动从根本上取决于当事人的原因行为，对于不动产物权归属的终局性判断，在于原因行为的认定。就本案而言，首先，债权人因无法到场办理，而将案涉房产抵押登记在名义抵押权人名下，债权人、债务人和名义抵押权人均认可涉案房产实质上为债务人向债权人借款提供抵押担保，抵押权人和债权人只是形式上分离，实质上并不分离。其次，债务人和名义抵押权人之间的抵押合同不是独立存在的合同，而是附属于债权人和债务人借款合同的从合同，没有借款合同就没有抵押合同，本案抵押权的设立没有突破抵押权的从属性。最后，案涉房屋经抵押登记，对外表彰存在担保物权的权利负担，具有公示公信作用；而债务人与名义抵押权人关于案涉房屋为债权人债权提供担保的约定，在债务人、名义抵押权人和债权人内部之间均具有约束力，在没有信赖登记的善意第三人主张权利之下，应依据当事人约定来确定权利归属。

债权人提出登记簿上记载的抵押权人与真实权利状态不符，并提供证据证明其既是涉案借款的债权人，也是债务人提供抵押的涉案房屋的实际抵押权人；登记抵押权人亦认可由实际债权人主张优先受偿权。根据《最高人民法院关于适用〈中华人民共和国民法典〉物权编的解释（一）》第二条的规定，当事人有证据证明不动产登记簿的记载与真实权利状态不符、其为该不动产物权的真实权利人，请求确认其享有物权的，应予支持。

为保护真实权利人的物权，同时避免善意第三人基于对不动产登记簿的信赖而取得物权，真实权利人应积极、恰当地公示不动产物权。《中华人民共和国民法典》第二百二十条亦规定权利人和利害关系申请更正登记的权利，以消除登记权利和真实权利不一致状态。

编写人：广东省珠海市香洲区人民法院　林碧娜

38

抵押权人的优先受偿权与未成年人财产权益冲突时的裁判价值取向

——方某诉颜甲等民间借贷案

【案件基本信息】

1. 裁判书字号

浙江省温州市中级人民法院（2020）浙03民再65号民事判决书

2. 案由：民间借贷纠纷

3. 当事人

原告（上诉人、再审被申请人）：方某

被告（被上诉人、再审申请人）：颜甲、颜乙

被告（被上诉人、再审被申请人）：颜丙、翁某

【基本案情】

颜丙、翁某于2011年2月14日登记结婚，于2011年9月3日生育儿子颜甲，于2014年4月4日生育女儿颜乙。陈某为颜丙母亲。2016年6月10日，陈某以颜甲、颜乙名义向他人购买房屋，房款均由其出资，并登记于颜甲、颜乙名下。颜丙、翁某于2016年10月25日办理离婚登记手续，离婚协议约定：颜甲、颜乙均由颜丙抚养，跟随颜丙生活。2017年5月2日，颜丙、翁某与方某签订《担保借款合同》，约定：借款80万元，借款期限12个月，自2017年5月2日至2018年5月1日，月利率1.2%。同时以案涉房屋提供抵押担保，由监护人即颜丙、翁某代为签订《担保借款合同》。2017年5月4日，双方签订了房产抵押合同并办理了抵押登记手续。颜丙、翁某与方某签订《担保借款合同》时约定“借款用于丙方教育及生活费用及乙方生产经营”（丙方为颜甲、颜乙，乙方为颜丙、翁某）；在签订《担保借款合同》前，颜丙、翁某出具内容含“二保证人为支付颜甲、颜乙教育、生活费用以及用于二保证人的生产经营……保证抵押该房产系出于保护颜甲、颜乙的权益”的《保证书》，并对《保证书》上的签名进行公证。2017年10月27日，浙江省瑞安市人民法院作出（2017）浙0381民特283号民事判决，撤销被申请人颜丙、翁某对颜甲、颜乙的监护资格，指定申请人陈某为颜甲、颜乙的监护人。后因颜丙、翁某未按期支付利息和还款，方某于2018年7月12日向浙江省瑞安市人民法院提起诉讼，请求颜丙、翁某偿还其借款，并对案涉房屋拍卖、变卖等所得价款享有优先受偿权。浙江省瑞安市人民法院作出（2018）浙0381民初9424号民事判决，支持方某的以上诉讼请求。后颜甲、颜乙以原审存在程序违法、法律适用错误为由，向浙江省瑞安市人民法院申请再审。

【案件焦点】

以被监护人颜甲、颜乙名下案涉房屋为案涉借款设立抵押担保而签订的抵押合同是否合法有效。

【法院裁判要旨】

浙江省瑞安市人民法院经审理认为：《中华人民共和国民法通则》第十八条第一款规定："监护人应当履行监护职责，保护被监护人的人身、财产及其他合法权益，除为被监护人的利益外，不得处理被监护人的财产。"《中华人民共和国民法总则》第三十五条第一款规定："监护人应当按照最有利于被监护人的原则履行监护职责。监护人除为维护被监护人利益外，不得处分被监护人的财产。"因此，根据上述法律规定，监护人仅为维护被监护人利益时，方能处分被监护人的财产。设置监护制度的目的是保护无民事行为能力人和限制民事行为能力人的合法权益，监护人在履行监护职责时，应当遵循最有利于被监护人的原则。因此，在被监护人为未成年人时，当未成年人利益与其他个体利益甚至局部社会利益发生冲突时，应当优先考虑未成年人利益，以确保未成年人的人身、财产及其他合法权益得到充分保障。本案中，根据案涉《担保借款合同》约定，案涉借款"用于丙方（即颜甲、颜乙）教育及生活费用及乙方（即颜丙、翁某）生产经营"，虽然借款用途中包含了被监护人颜甲、颜乙的教育、生活费用，但同时也明确约定了借款还用于颜丙、翁某的生产经营。案涉房产系颜甲、颜乙的祖母陈某出资购买并登记在颜甲、颜乙名下的不动产，属于颜甲、颜乙的财产，颜丙、翁某以案涉房产为其借款设定抵押，虽出具了"保证抵押房产系出于保护颜甲、颜乙的权益"的保证书，并经公证处公证，且在民间借贷备案服务中心对案涉借款及抵押担保进行了备案，但现有证据并不能证明案涉借款系用于被监护人颜甲、颜乙的教育、生活费用，且因颜丙、翁某不能清偿案涉借款而产生颜甲、颜乙名下的案涉房产被处分以清偿案涉借款的风险，这个结果将直接损害到颜甲、颜乙的合法权益。故，案涉抵押合同因违反《中华人民共和国民法总则》第三十五条第一款及《中华人民共和国民法通则》第十八条第一款的强制性规定而无效。需要指出的是，在判定案涉抵押合同是否合法有效的问题上，实质上涉及未成年人利益与其他个体利益发生冲突时，应当优先考虑哪一方利益的问题。方某虽然在与颜丙、翁某签订案涉抵押合同时，因知晓抵押房产系未成年人名下财产而要求颜丙、翁某出具《保证书》并进行了公证，但仍然不能改变案涉抵押合同已违反“监护人处分被监护人的财产需为维护被监护人利益”的法律规定的情形。因此，原审法院认定案涉抵押合同无效，符合《中华人民共和国合同法》第五十二条第五项规定，也符合《中华人民共和国民法总则》第三十五条第一款及《中华人民共和国民法通则》第十八条第一款确保被监护人的人身、财产及其他合法权益不受损害的立法本意。

浙江省瑞安市人民法院依照《中华人民共和国民事诉讼法》第一百四十四条、第二百零七条第一款，《中华人民共和国民法通则》第十八条第一款，《中华人民共和国合同法》第五十二条第三项和第五项、第五十六条、第一百九十六条、第二百零五条、第二百零六条、第二百零七条规定，判决：

一、维持浙江省瑞安市人民法院民事判决第一项，即“颜丙、翁某应偿还方某借款本金80万元及利息”；

二、撤销浙江省瑞安市人民法院民事判决第二项，即“若颜丙、翁某到期未履行上述还款义务，方某有权以登记在颜甲、颜乙名下的房屋折价或拍卖、变卖后所得价款优先受偿；如颜甲、颜乙承担抵押担保责任后，有权向颜丙、翁某追偿”等。

方某不服一审判决，提起上诉。

浙江省温州市中级人民法院经审理同意一审法院裁判意见，依照《中华人民共和国民事诉讼法》第一百七十条第一款第一项规定，判决：

驳回上诉，维持原判。

【法官后语】

在我国受传统文化影响，且基于子女对家庭的极强依附性，子女在家庭中的权利并未受到重视，“子女无私产”的观念根深蒂固。但随着时代变迁和社会进步，未成年子女在家庭内部从被支配的地位解脱而具有独立的人格，其财产经历了从无到有的过程，保护未成年子女人格和财产权益的现代法制制度开始出现并逐步完善。自从联合国于1989年《儿童权利公约》中确立“儿童最佳利益原则”，我国作为《儿童权利公约》的成员国，亦以儿童最佳利益原则为指导，在修法中不断完善未成年人权益保护法律体系。《中华人民共和国宪法》确定了公民私有财产不受侵犯的原则。《中华人民共和国民法通则》规定了除为维护被监护人利益外，监护人不得处分被监护人的财产。《中华人民共和国民法总则》还进一步明确了监护人应当按照最有利于被监护人的原则履行监护职责。《中华人民共和国民法典》第三十五条亦延续了上述规定。上述法律规定均体现了我国遵循儿童最佳利益原则的价值导向。

本案中未成年人的财产通过其祖母赠与获取。其祖母购置案涉房屋后未登记在未成年人父母名下，而登记在未成年人名下。法院在审理涉未成年人财产处置案件的过程中，应当予以高度注意。具体到本案中，出借人不仅要求借款人对借款用途提供保证书，即强调该款项用于未成年人的教育、生活费用，并且要求借款人对该保证书上的内容及签字予以公证，本案出借人对款项的出借和抵押物抵押担保尚达到如此审慎的地步，可见出借人对以未成年人财产提供抵押担保也有超过与一般成年人成立抵押关系的注意程度。但即使借款人出具承诺保证所借款项用于未成年人权益，也只是其单方承诺而已，并不能当然代表其处置行为就真实地从未成年人利益角度出发，更不能据此以保护债权人的抵押权。法院在审理涉未成年人财产处置的案件时，应当审慎审查借款款项的实际用途、父母与子女的实际监护关系、房屋登记之真实意图、出借人是否具备善意等，结合儿童最佳利益原则，以作出符合一般民众价值取向的判决。

本案将借款行为和担保行为效力区分处理符合客观事实。借款人的借款行为并未涉及对未成年人财产的处置，影响未成年人财产权利的系抵押行为。故本案并未全盘否定担保借款合同的效力，既一定程度上维护了债权人的相应财产权利，也保障了未成年人的合法财产权利。

本案的启示在于当未成年人利益与其他个体利益甚至局部社会利益发生冲突时，应当优先考虑未成年人利益，以确保未成年人的人身、财产及其他合法权益得到充分保障。这应当是我国对未成年人保护的核心价值，是法院作为国家机关对未成年人权益应予以充分保护的天然职责。

编写人：浙江省瑞安市人民法院　张勉　薛林敏

39

受让人无偿取得债务人财产并设立权利负担的，债权人撤销权成立及行使认定问题

——张某任诉张某乐、张某昌债权人撤销权案

【案件基本信息】

1. 裁判书字号

广西壮族自治区防城港市中级人民法院（2020）桂06民终1095号民事判决书

2. 案由：债权人撤销权纠纷

3. 当事人

原告（上诉人）：张某任

被告（被上诉人）：张某乐、张某昌

【基本案情】

2009年8月7日张某乐向张某任借款1443220元。2011年8月11日张某任书写借条，张某乐在借条上签字并确认还欠张某任1093220元。2018年9月26日广西壮族自治区防城港市港口区人民法院就该民间借贷纠纷作出（2018）桂0602民初186号民事判决，张某乐偿还张某任借款本金1093220元及利息。广西壮族自治区防城港市中级人民法院（2019）桂06民终1243号民事判决驳回上诉，维持原判。房屋产权登记中心查档证明载明，2017年3月6日张某乐将其房屋赠与张某昌。2017年5月4日张某乐与某银行签订《流动资金最高额借款合同》，约定张某乐贷款200万元并以房屋作抵押担保。2017年5月8日张某昌以房屋设立抵押登记，抵押面积810.18平方米，抵押金额200万元，抵押

权人为某银行，抵押期限至2020年4月20日。2017年5月9日某银行向张某乐账户汇入贷款200万元。

另查明，张某乐与张某昌系父子关系。

【案件焦点】

1. 受让人无偿取得债务人财产并设立抵押的，债权人请求撤销债务人无偿处分行为有无依据；2. 当无偿处分行为被撤销后，如何确定受让人返还抵押财产的范围。

【法院裁判要旨】

广西壮族自治区防城港市港口区人民法院经审理认为：张某乐将房屋转让至张某昌名下后申请银行贷款并办理抵押登记。张某任没有证据证明该抵押登记应予以撤销，故对其请求撤销张某乐转让房屋行为，予以驳回。因转让及抵押行为未撤销，对张某任其余请求亦予驳回。

广西壮族自治区防城港市港口区人民法院依照《中华人民共和国合同法》第七十四条第一款，《最高人民法院关于适用〈中华人民共和国民事诉讼法〉的解释》第九十条，《中华人民共和国民事诉讼法》第一百四十四条规定，判决：

驳回张某任全部诉讼请求。

张某任不服一审判决，提起上诉。

广西壮族自治区防城港市中级人民法院经审理认为：张某乐向张某昌赠与房屋有房屋产权登记中心查档证明为据，张某昌辩称其非受赠但未能举证，不予采信。根据《中华人民共和国合同法》第七十四条的规定，债务人无偿转让财产的，其主观恶意不在债权人撤销权要件审查之列。张某乐欠张某任债务在前，赠与张某昌房屋在后，且未举证其具有足额偿债能力，故其赠与行为危及张某任债权实现。房屋为不动产、不可分物，债权人行使撤销权时无法分割或部分撤销赠与行为，且房屋是否具备返还性系债权人撤销权的法律后果而非构成要件，房屋抵押不妨碍债权人撤销权成立，张某任请求撤销张某乐赠与行为理由成立，予以支持。因赠与行为被撤销，张某任请求将房屋恢复登记至张某乐名下亦予支持。但张某任不能在本案代张某乐主张权利，其请求张某昌返还张某乐 200 万元，不予支持。鉴于房屋抵押，且张某昌取得房屋与张某任债权实现密切相关，如房屋返还不能，张某昌本应在房屋价值范围内向张某任承担赔偿责任，但张某任仅主张张某昌在 200 万元抵押贷款范围内承担责任，系其对权利的自由处分，予以尊重并支持。至于律师费 5 万元，有书面委托代理合同约定且属债权人行使撤销权必要费用，故张某任请求张某乐支付，予以支持；但请求张某昌共同支付缺乏依据，不予支持。

广西壮族自治区防城港市中级人民法院依照《中华人民共和国合同法》第七十四条，《最高人民法院关于适用〈中华人民共和国合同法〉若干问题的解释（一）》第二十五条、第二十六条，《中华人民共和国民事诉讼法》第一百七十条第一款第二项规定，判决：

一、撤销广西壮族自治区防城港市港口区人民法院民事判决，撤销张某乐将房屋赠与张某昌行为；

二、张某昌将上述房屋在本判决生效之日起三个月内恢复登记至张某乐名下；

三、若张某昌未履行上述第二项判决主文义务，张某昌在其应返还的上述房屋价值范围内（不超过 200 万元）就张某乐欠张某任债务向张某任承担赔偿责任；

四、张某乐在本判决生效之日起十日内向张某任支付律师费 5 万元；

五、驳回张某任的其他诉讼请求。

【法官后语】

债权人撤销权制度目的在于保全债务人责任财产以确保其债权的实现。然而，随着社会经济生活日趋复杂，债权人撤销权面临行使障碍和适用难题。例如，一些债务人为规避执行向利害关系人无偿转让主要财产，利害关系人又转卖或设立权利负担将导致债权人债权无法得到保障。

本案的审理难点集中在受让人无偿取得债务人财产后设立权利负担，该权利负担是否对债权人撤销权的成立及行使产生影响。第一，受让人张某昌无偿取得房屋后为担保父亲张某乐的债务在该房屋上设立抵押并办理抵押登记，该抵押登记能否影响债权人张某任撤销权成立。现行法律区分债务人有偿或无偿行为要求债权人撤销权应具备客观要件与主观要件，即债权人行使撤销权须具备以下客观要件：一是债务人于债权成立后实施行为，二是债务人实施的行为使其财产减少，三是债务人行为有害债权实现；债务人实施有偿行为的，债权人行使撤销权还应具备受让人存在恶意的主观要件。本案债务人张某乐的无偿处分行为已经具备法定要件，债权人张某任撤销权成立。笔者认为，财产无偿处分后设立权利负担会增加抵押财产无法返还的风险，但如果以此作为债权人撤销权的成立要件，可能会鼓励债务人尽快设立权利负担转移财产，与设立债权人撤销权制度的初衷相悖，因此，财产无偿处分后设立权利负担不影响债权人撤销权成立，本案抵押登记不影响债权人张某任撤销权成立。

第二，债务人张某乐无偿处分行为被撤销后如何确定受让人张某昌返还抵押财产义务范围。根据法律规定，债务人行为一经撤销自始无效，但对于自始无效的具体内容未作明确。按照民法一般理论，民事法律行为无效的法律后果包括恢复原状、返还财产、赔偿损失。因此，无偿处分财产行为被撤销的，其法律效果之一是受让人向债务人返还财产，如受让人因财产灭失、再次转让或设定权利负担无法返还的，应赔偿损失以恢复债务人处分财产前的资力，这与债权人撤销权制度目的相吻合。本案中，受让人张某昌应将房屋恢复登记至债务人张某乐名下，如不能恢复登记的，应承担损失赔偿责任。

《中华人民共和国合同法》第七十四条和第七十五条对债权人撤销权制度作出原则性规定，《中华人民共和国民法典》第五百三十八条至第五百四十二条在既有司法经验的基础上对债权人撤销权制度进一步完善规范。本案法律事实发生于《中华人民共和国民法典》施行前，适用《中华人民共和国合同法》相关规定进行审理，但其涉及债权人信赖利益保护、债务人责任财产认定、交易秩序安全、交易多方利益平衡等法律及社会问题，在民法典时代对法律适用具有研究参考价值，对社会治理具有指导意义。

编写人：广西壮族自治区防城港市中级人民法院　李启宁　蔡澄莎

40

债权人有权撤销债务人无偿转让不动产的行为，但无权撤销他人基于善意取得所享有的不动产抵押权

——简某诉欧某等债权人撤销权案

【案件基本信息】

1. 裁判书字号

湖南省衡阳市中级人民法院（2020）湘04民终970号民事裁定书

2. 案由：债权人撤销权纠纷

3. 当事人

原告（被上诉人）：简某

被告（被上诉人）：欧某、马某、王某

第三人（上诉人）：某银行

【基本案情】

简某与欧某系同事关系，欧某、马某系夫妻关系，王某与马某系母女关系、与欧某系继父女关系。欧某自2015年4月至2018年8月，因生意资金周转需要多次向简某借款，共计21万余元。由于欧某无力还款，双方于2019年3月30日进行了对账，并签署《对账协议》，协议中就借款（金额、类型）、利息都进行了核对和明确。欧某未按协议支付借款。简某于2019年4月23日向湖南省衡阳市雁峰区人民法院提起诉讼，要求欧某偿还借款。湖南省衡阳市雁峰区人民法院于2019年6月20日作出（2019）湘0406民初788号民事判决书，判决欧某于判决生效之日起十日内一次性偿还简某借款21万余元及利息31327元。

欧某、马某于2019年1月4日与王某签订《不动产赠与合同》，将欧某名下房屋赠与王某，并同日办理了过户手续。2019年1月7日，王某又以该房屋为抵押与某银行签订了《抵押贷款消费合同》，贷款金额为42万元，贷款期限自2018年12月27日至2048年12月27日。

【案件焦点】

1. 简某能否撤销欧某、马某的不动产赠与行为；2. 债权人撤销权的效力是否及于涉案不动产上的抵押负担。

【法院裁判要旨】

湖南省衡阳县人民法院经审理认为：本案系债权人撤销权纠纷，简某撤销权成立的要件为简某的债权是否因欧某、马某的不动产赠与行为而遭受损害。本案中，欧某在负有债务期间，与马某以签订《不动产赠与合同》的形式将涉案房屋无偿赠与王某并办理过户登记，损害了债权人的合法权益。欧某、马某将涉案房屋无偿赠与王某的行为应予撤销。至于简某债权人撤销权的效力是否及于王某的抵押行为。某银行在接受王某有权属登记的抵押物担保时，尽到了合理注意义务，已进行不动产抵押权登记，且不存在与王某恶意串通损害简某债权的情形，则抵押权人善意取得不动产抵押权。即使抵押物已确权归他人所有，也不能影响本案抵押合同的效力。由于物权优先于债权，因此债权人撤销权的效力不能及于涉案不动产上的抵押负担。

湖南省衡阳县人民法院依照《中华人民共和国合同法》第五十八条、第七十四条，《中华人民共和国物权法》第一百七十条、第一百七十一条第一款、第一百七十二条第一款规定，判决：

一、撤销欧某、马某与王某关于转让房屋的《不动产赠与合同》；

二、房屋产权归欧某、马某所有；

三、某银行对房屋处置价款中有优先受偿权，范围以借款本金42万元及约定的利息为限；

四、驳回简某的其他诉讼请求。

某银行不服一审判决，提起上诉。

二审审理过程中，某银行向湖南省衡阳市中级人民法院申请撤回上诉。

湖南省衡阳市中级人民法院依照《中华人民共和国民事诉讼法》第一百七十三条规定，裁定：

准许某银行撤回上诉。

【法官后语】

在债权人撤销权纠纷中，债权人请求撤销的债务人转让财产行为中多数涉及不动产转让，很多受让人会在受让的不动产上设立抵押权。当债权人撤销权"遭遇"抵押权，如何认定债权人撤销权的成立和效力成为审判中的难点，本案便涉及此类问题。

一、债权人撤销权的构成要件

债权人撤销权属于债的保全，其目的在于使债务人责任财产不应减少的即不减少，保障债权的实现。因此，一旦发现债务人有逃债行为，债权人可诉至法院提起债权人撤销权诉讼。债权人撤销权制度在保护债权人利益方面意义重大，但由于其突破了合同相对性原则，如果使用不当容易对债务人与第三人的交易安全产生影响，因此需要严格限定债权人撤销权的行使范围。

根据《中华人民共和国民法典》相关规定，行使债权人撤销权须具备以下构成要件：1. 客观要件。(1) 债务人方面有减少责任财产的行为，债务人实施了诈害债权的行为，即减少其财产或者增加其财产负担的行为，如债务人放弃债权、放弃债权担保、无偿转让财产等无偿处分财产权益，或者恶意延长其到期债权的履行期限等行为。以及非对称减值行为，如债务人以明显不合理的低价转让财产、以明显不合理的高价受让他人财产或者为他人的债务提供担保。债务人的上述行为减少了作为债权人债权一般担保的责任财产，有损害债权的可能。如果债务人对自身财产的处置并不会减少责任财产，或并不加重责任财产上的负担，则债权人撤销权的客观要件不成就。(2) 债务人的诈害行为损害债权的实现。如果债务人的行为虽然减少了其财产，但是并未危及债权的实现，就不存在对债权的损害。(3) 债务人的诈害行为必须发生在债权成立之后。债权成立之前债务人的行为，原则上并不会影响债权人实现债权的预期（而且，债务人也不可能在主观上有诈害的意思），因此不是撤销权撤销的对象。2. 主观要件。《中华人民共和国民法典》第五百三十八条、第五百三十九条区分两种情形设有不同的主观要件。对于第五百三十八条规定的情形，即债务人无偿减少财产及恶意延长到期债权的履行期限的，受让人（受益人）的主观因素无关紧要，其对于债务人的诈害行为是否知晓并不影响债权人的撤销权。因此，当发生债务人放弃债权、无偿转让财产等无偿处分行为时，撤销权的构成仅需考察前述客观要件是否具备，而无须就债务人和受让人的主观方面做出考察，这就意味着，债务人和受让人均不得主张善意抗辩。对于第五百三十九条规定的情形，即债务人实施了非对称减值行为，债权人撤销权的构成尚需具备主观要件，即“债务人的相对人知道或者应当知道”债务人的行为损害了债权人的债权。这就意味着，受让人能够以自己不知且不应知晓债务人的行为会损害债权作为抗辩事由。本案中，债务人欧某明知自己可能无力还债，却还无偿转让不动产，其实施的行为损害了债权（虽双方对账是在无偿转让不动产之后，但债权成立时间是在 2015 年 4 月至 2018 年 8 月），因此，欧某无偿转让财产的行为完全符合债权人撤销权的成立要件，债权人简某可以提起债权人撤销权诉讼，请求撤销债务人无偿转让的行为。

二、无偿转让的不动产虽被设立了抵押权，但不影响债权人撤销权的成立

本案的特殊之处在于，债权人请求撤销债务人无偿转让房屋的行为，该房屋转让后，受让人即在受让的房屋上设立了抵押权。问题在于，设立了抵押权的房屋是否会影响债权人撤销权的成立。《中华人民共和国民法典》实施前，对于该类纠纷各地法院裁判均不同，有的判决恢复权属登记至债务人，但对抵押权问题留待执行阶段解决；有的直接判决驳回债权人的诉讼请求。《中华人民共和国民法典》中规定了债权人行使撤销权的主观和客观条件，只要当债务人和他人实施某种行为，使债务人的责任财产不当减少，因而损害债权人利益，致使债权有不能实现的危险情形时，债权人就可以向法院申请撤销债务人和他人的财产转让行为。因此，无偿转让的财产是否被设立抵押权，不影响债权人

撤销权的行为。本案中，债务人欧某、马某将涉案房屋无偿赠与王某，债权人简某的债权受到了损害，从债权人撤销权的成立要件进行分析评判，债权人简某撤销权的成立，不受涉案财产是否设立抵押物权的影响，故判决将涉案房产权属恢复至债务人欧某、马某名下。

三、债权人撤销权效力不及于他人基于善意所取得的被转让不动产的抵押权

债务人无偿转让房屋，受让人在受让的房屋上设立抵押权，如果有证据证明房屋受让人与抵押权人恶意串通，以妨碍债权人实现债权而设立抵押权的，那么该抵押权所依据的主合同依法应认定无效；如果抵押人能够证明已尽到了合理的审查义务，那么抵押权人基于善意取得的抵押权应当受到保护，债权人撤销权的效力不及于他人基于善意所取得的被转让不动产的抵押权。本案中，某银行在接受王某有权属登记的抵押物担保时，尽到了合理注意义务，已进行不动产抵押权登记，且不存在与王某恶意串通损害简某债权的情形，则某银行善意取得不动产抵押权，债权人简某无权撤销不动产的抵押权。此外，《中华人民共和国民法典》第四百零六条规定，抵押期间，抵押人可以转让抵押财产。当事人另有约定的，按照其约定。抵押财产转让的，抵押权不受影响。根据该条规定，抵押期间抵押财产可以发生权属变更，抵押权不受影响。这就为法院作出撤销债务人转让房屋的行为，同时作出保留抵押权的恢复权属登记判决提供了明确的法律依据。但抵押权的存在仍然在实质上影响着债权人的债权实现。抵押权人就抵押财产享有优先受偿权，而债权人仅能就债务人的责任财产享有普通债权，一旦抵押财产所担保的债务人无力清偿，势必要对抵押财产拍卖、变卖，并以所得价款优先偿还抵押权人，债务人的责任财产因之减少，债权人的债权实现必然也会受到影响。

编写人：湖南省衡阳市中级人民法院　王娟

四、质　押

41

担保条款无效后，有过错担保人仍应承担缔约过失责任

——电子公司诉技术公司、科技公司企业借贷案

【案件基本信息】

1. 裁判书字号

北京市第一中级人民法院（2020）京01民终7018号民事判决书

2. 案由：企业借贷纠纷

3. 当事人

原告（被上诉人）：电子公司

被告（上诉人）：科技公司

被告（被上诉人）：技术公司

【基本案情】

2018年1月30日，技术公司因资金周转向电子公司提出借款，电子公司同意后，其经办人员王某与技术公司法定代表人杨某签订了涉案《担保质押借款合同》，约定：贷款方为电子公司，借款方为技术公司，担保方为科技公司，借款金额为10万元，借款利息按月利率2%计算，并在还款时一并偿清，若发生逾期不还，将按每日0.2%计算违约金；借款期限为三天，借款方于借款当

日归还贷款方本金 78000 元，于三日内归还余下本金 22000 元；如逾期未能归还，则由担保方于第四日归还贷款方全部本金，如果借款方与担保方均未能按时还款，则一并承担违约责任，共同支付违约金给借款方直至付清全部本金与违约金为止；借款期间发生任何形式的给付，给付金将优先偿还违约金。合同落款处科技公司及技术公司的合同专用章均系由杨某加盖。2018 年 1 月 31 日，电子公司通过银行转账方式向技术公司支付 10 万元，附言用途为借款。

【案件焦点】

1.《担保质押借款合同》中的担保条款是否有效；2. 科技公司是否应当承担还款责任。

【法院裁判要旨】

北京市海淀区人民法院经审理认为：电子公司与技术公司签订的《担保质押借款合同》除担保条款外，系当事人的真实意思表示，且其内容未违反法律、行政法规的效力性强制性规定，应属有效。电子公司出借了资金，技术公司未按约还本付息的行为，构成违约，应承担相应的法律责任。故电子公司要求技术公司返还借款本金 10 万元的诉讼请求，予以支持。

就利息和违约金问题，依据法律规定，出借人与借款人既约定了逾期利率，又约定了违约金或者其他费用，出借人可以选择主张逾期利息、违约金或者其他费用，也可以一并主张，但总计超过年利率 24%的部分，法院不予支持。现电子公司主动将利息及违约金合计按照月利率 2%的标准计算，符合法律规定，对其该项诉讼请求予以支持。

关于电子公司主张科技公司承担保证责任的问题，法院认为，《中华人民共和国公司法》第十六条第一款规定，公司向其他企业投资或者为他人提供担保，依据公司章程的规定，由董事会或者股东会、股东大会决议；公司章程对投资或者担保的总额及单项投资或者担保的数额有限额规定的，不得超过规定的限额。该条明确规定了公司对外担保的决定程序和决定主体，即只有公司章程确定的董事会或股东会经过法定程序才有权决定公司对外提供担保，公司法定代表人或其他人员未经公司机关决议，无权对外提供担保。《中华人民共和国合同法》第四十九条规定，行为人没有代理权、超越代理权或者代理权终止后以被代理人名义订立合同，相对人有理由相信行为人有代理权的，该代理行为有效。该规定系关于表见代理的规定，其目的在于保护相对人的交易安全。依法理，交易人的交易行为要获得其所期待和信赖的合法性和确定性，其主观必须处于善意无过失的心理状态。根据法律一经公布即推定所有人明知及不知法律不免责的法理，公司担保相对人在接受担保时，对有关公司董事会或股东会决议负有必要的形式审查义务，否则不构成表见代理中的善意相对人。从本案情形来看，电子公司在签订《担保质押借款合同》时，并未要求杨某提交科技公司股东会或董事会决议，也没有审查过科技公司的章程。据此可以认定，电子公司在接受科技公司提供担保时，在主观上并非善意无过失，不构成表见代理。综上，科技公司签订的涉案借款合同中的担保条款应为无效，不应承担担保责任，对电子公司该项主张不予支持。但因涉案的借款合同中的确加盖了其公司合同章，其公司亦存在过错，故依据法律规定，主合同有效而担保合同无效，债权人、担保人有过错的，担保人承担民事责任的部分，不应超过债务人不能清偿部分的二分之一。因此科技公司就技术公司不能偿还债务的一半承担赔偿责任。关于科技公司的其他辩称不影响法院依据查明的事实依法进行裁判，法院不予一一评述。

北京市海淀区人民法院依照《中华人民共和国合同法》第八条、第四十九条、第一百零七条、第二百零六条，《最高人民法院关于〈中华人民共和国担保法〉若干问题的解释》第七条，《最高人民法院关于审理民间借贷案件适用法律若干问题的规定》第三十条，《中华人民共和国民事诉讼法》第一百四十四条，判决：

一、技术公司于本判决生效后十日内向电子公司偿还借款本金 10 万元并支付利息、违约金（利息、违约金合计以 10 万元为基数，按年利率 24%，自 2018 年 1 月 31 日起计算至实际付清之日止）；

二、科技公司对技术公司的上述不能清偿债务的一半承担付款义务；

三、科技公司承担赔偿责任后，有权在承担赔偿责任的范围内向被告技术公司追偿；

四、驳回电子公司的其他诉讼请求。

科技公司不服一审判决，提起上诉。

北京市第一中级人民法院经审理同意一审法院裁判意见，依照《中华人民共和国民事诉讼法》第一百七十条第一款第一项规定，判决：

驳回上诉，维持原判。

【法官后语】

法人作为一类民事法律行为主体，其法律行为的作出需要按照公司法的规定经过严格的程序，这也要求行为相对方要尽到一定的审查注意义务。若未尽到相关义务，则有可能导致法律行为的无效。行为人没有代理权、超越代理权或者代理权终止后以被代理人名义订立合同，相对人有理由相信行为人有代理权的，该代理行为有效，该规定系关于表见代理的规定，其目的在于保护相对人的交易安全。依法理，交易人的交易行为要获得其所期待和信赖的合法性和确定性，其主观必须处于善意无过失的心理状态。在本案中，由于代表担保人签订合同的经办人并非担保人的法定代表人，其仅提供了拥有代理权的权利外观，所以若要形成表见代理，需要担保权人在签订合同时是善意无过失的心理状态。但本案的担保权人并没有审查担保人提供担保时按照公司法应当产生的决策文件，由此可以认定其未尽到审查注意的义务，并非善意无过失的，因此不能仅因为经办人提供了代理权的外观就得出担保权人应当承担经办人所为民事法律行为的法律后果。

合同系各方当事人从事民事法律行为进行意思表示的载体，一旦签订，就对各方当事人产生法律约束力，因此各方当事人必须遵循诚实信用原则，若因个别当事人的过错导致合同无效，以致合同目的无法实现，且给其他当事人造成损失的，有过错的当事人应当承担相应的责任，这也是公平原则的体现。依照《中华人民共和国民法典》的规定合同无效或者被撤销后，有过错的一方应当赔偿对方因此所受到的损失，双方都有过错的，应当各自承担相应的责任。

具体到担保法中，主合同有效而担保合同无效，债权人、担保人有过错的，担保人承担民事责任的部分，不应超过债务人不能清偿部分的二分之一。在本案中，担保权人有未尽到审慎义务的过失，而担保人存在对公司印章管理不当的过错，双方对合同的无效均存在过错，因此均应当承担与其过错相当的责任。由此，合同或其中的条款会因为无效，以至于其本身的内容不再发生法律效力，但并不意味着各方当事人就此不再承担任何义务。若因各方在缔约过程中存在过错导致合同无效，各方当事人仍应当承担相应的缔约过失责任。

编写人：北京市海淀区人民法院　侯艳蓉　温馨

附录

最高人民法院关于适用《中华人民共和国民法典》有关担保制度的解释

（2020 年 12 月 25 日最高人民法院审判委员会第 1824 次会议通过 2020 年 12 月 31 日最高人民法院公告公布 自 2021 年 1 月 1 日起施行 法释〔2020〕28 号）

为正确适用《中华人民共和国民法典》有关担保制度的规定，结合民事审判实践，制定本解释。

一、关于一般规定

第一条 因抵押、质押、留置、保证等担保发生的纠纷，适用本解释。所有权保留买卖、融资租赁、保理等涉及担保功能发生的纠纷，适用本解释的有关规定。

第二条 当事人在担保合同中约定担保合同的效力独立于主合同，或者约定担保人对主合同无效的法律后果承担担保责任，该有关担保独立性的约定无效。主合同有效的，有关担保独立性的约定无效不影响担保合同的效力；主合同无效的，人民法院应当认定担保合同无效，但是法律另有规定的除外。

因金融机构开立的独立保函发生的纠纷，适用《最高人民法院关于审理独立保函纠纷案件若干问题的规定》。

第三条 当事人对担保责任的承担约定专门的违约责任，或者约定的担保责任范围超出债务人应当承担的责任范围，担保人主张仅在债务人应当承担的责任范围内承担责任的，人民法院应予支持。

担保人承担的责任超出债务人应当承担的责任范围，担保人向债务人追偿，债务人主张仅在其应当承担的责任范围内承担责任的，人民法院应予支持；担保人请求债权人返还超出部分的，人民法院依法予以支持。

第四条 有下列情形之一，当事人将担保物权登记在他人名下，债务人不履行到期债务或者发生当事人约定的实现担保物权的情形，债权人或者其受托人主张就该财产优先受偿的，人民法院依法予以支持：

（一）为债券持有人提供的担保物权登记在债券受托管理人名下；

（二）为委托贷款人提供的担保物权登记在受托人名下；

（三）担保人知道债权人与他人之间存在委托关系的其他情形。

第五条 机关法人提供担保的，人民法院应当认定担保合同无效，但是经国务院批准为使用外国政府或者国际经济组织贷款进行转贷的除外。

居民委员会、村民委员会提供担保的，人民法院应当认定担保合同无效，但是依法代行村集体经济组织职能的村民委员会，依照村民委员会组织法规定的讨论决定程序对外提供担保的除外。

第六条 以公益为目的的非营利性学校、幼儿园、医疗机构、养老机构等提供担保的，人民法院应当认定担保合同无效，但是有下列情形之一的除外：

（一）在购入或者以融资租赁方式承租教育设施、医疗卫生设施、养老服务设施和其他公益设施时，出卖人、出租人为担保价款或者租金实现而在该公益设施上保留所有权；

（二）以教育设施、医疗卫生设施、养老服务设施和其他公益设施以外的不动产、动产或者财产权利设立担保物权。

登记为营利法人的学校、幼儿园、医疗机构、养老机构等提供担保，当事人以其不具有担保资格为由主张担保合同无效的，人民法院不予支持。

第七条 公司的法定代表人违反公司法关于公司对外担保决议程序的规定，超越权限代表公司与相对人订立担保合同，人民法院应当依照民法典第六十一条和第五百零四条等规定处理：

（一）相对人善意的，担保合同对公司发生效力；相对人请求公司承担担保责任的，人民法院应予支持。

（二）相对人非善意的，担保合同对公司不发生效力；相对人请求公司承担赔偿责任的，参照适用本解释第十七条的有关规定。

法定代表人超越权限提供担保造成公司损失，公司请求法定代表人承担赔偿责任的，人民法院应予支持。

第一款所称善意，是指相对人在订立担保合同时不知道且不应当知道法定代表人超越权限。相对人有证据证明已对公司决议进行了合理审查，人民法院应当认定其构成善意，但是公司有证据证明相对人知道或者应当知道决议系伪造、变造的除外。

第八条 有下列情形之一，公司以其未依照公司法关于公司对外担保的规定作出决议为由主张不承担担保责任的，人民法院不予支持：

（一）金融机构开立保函或者担保公司提供担保；

（二）公司为其全资子公司开展经营活动提供担保；

（三）担保合同系由单独或者共同持有公司三分之二以上对担保事项有表决权的股东签字同意。

上市公司对外提供担保，不适用前款第二项、第三项的规定。

第九条 相对人根据上市公司公开披露的关于担保事项已经董事会或者股东大会决议通过的信息，与上市公司订立担保合同，相对人主张担保合同对上市公司发生效力，并由上市公司承担担保责任的，人民法院应予支持。

相对人未根据上市公司公开披露的关于担保事项已经董事会或者股东大会决议通过的信息，与上市公司订立担保合同，上市公司主张担保合同对其不发生效力，且不承担担保责任或者赔偿责任的，人民法院应予支持。

相对人与上市公司已公开披露的控股子公司订立的担保合同，或者相对人与股票在国务院批准的其他全国性证券交易场所交易的公司订立的担保合同，适用前两款规定。

第十条 一人有限责任公司为其股东提供担保，公司以违反公司法关于公司对外担保决议程序的规定为由主张不承担担保责任的，人民法院不予支持。

公司因承担担保责任导致无法清偿其他债务，提供担保时的股东不能证明公司财产独立于自己的财产，其他债权人请求该股东承担连带责任的，人民法院应予支持。

第十一条 公司的分支机构未经公司股东（大）会或者董事会决议以自己的名义对外提供担保，相对人请求公司或者其分支机构承担担保责任的，人民法院不予支持，但是相对人不知道且不应当知道分支机构对外提供担保未经公司决议程序的除外。

金融机构的分支机构在其营业执照记载的经营范围内开立保函，或者经有权从事担保业务的上级机构授权开立保函，金融机构或者其分支机构以违反公司法关于公司对外担保决议程序的规定为由主张不承担担保责任的，人民法院不予支持。金融机构的分支机构未经金融机构授权提供保函之外的担保，金融机构或者其分支机构主张不承担担保责任的，人民法院应予支持，但是相对人不知道且不应当知道分支机构对外提供担保未经金融机构授权的除外。

担保公司的分支机构未经担保公司授权对外提供担保，担保公司或者其分支机构主张不承担担保责任的，人民法院应予支持，但是相对人不知道且不应当知道分支机构对外提供担保未经担保公司授权的除外。

公司的分支机构对外提供担保，相对人非善意，请求公司承担赔偿责任的，参照本解释第十七条的有关规定处理。

第十二条 法定代表人依照民法典第五百五十二条的规定以公司名义加入债务的，人民法院在认定该行为的效力时，可以参照本解释关于公司为他人提供担保的有关规则处理。

第十三条 同一债务有两个以上第三人提供担保，担保人之间约定相互追偿及分担份额，承担了担保责任的担保人请求其他担保人按照约定分担份额的，人民法院应予支持；担保人之间约定承担连带共同担保，或者约定相互追偿但是未约定分担份额的，各担保人按照比例分担向债务人不能追偿的部分。

同一债务有两个以上第三人提供担保，担保人之间未对相互追偿作出约定且未约定承担连带共同担保，但是各担保人在同一份合同书上签字、盖章或者按指印，承担了担保责任的担保人请求其他担保人按照比例分担向债务人不能追偿部分的，人民法院应予支持。

除前两款规定的情形外，承担了担保责任的担保人请求其他担保人分担向债务人不能追偿部分的，人民法院不予支持。

第十四条 同一债务有两个以上第三人提供担保，担保人受让债权的，人民法院应当认定该行为系承担担保责任。受让债权的担保人作为债权人请求其他担保人承担担保责任的，人民法院不予支持；该担保人请求其他担保人分担相应份额的，依照本解释第十三条的规定处理。

第十五条 最高额担保中的最高债权额，是指包括主债权及其利息、违约金、损害赔偿金、保管担保财产的费用、实现债权或者实现担保物权的费用等在内的全部债权，但是当事人另有约定的除外。

登记的最高债权额与当事人约定的最高债权额不一致的，人民法院应当依据登记的最高债权额确定债权人优先受偿的范围。

第十六条 主合同当事人协议以新贷偿还旧贷，债权人请求旧贷的担保人承担担保责任的，人民法院不予支持；债权人请求新贷的担保人承担担保责任的，按照下列情形处理：

（一）新贷与旧贷的担保人相同的，人民法院应予支持；

（二）新贷与旧贷的担保人不同，或者旧贷无担保新贷有担保的，人民法院不予支持，但是债权人有证据证明新贷的担保人提供担保时对以新贷偿还旧贷的事实知道或者应当知道的除外。

主合同当事人协议以新贷偿还旧贷，旧贷的物的担保人在登记尚未注销的情形下同意继续为新贷提供担保，在订立新的贷款合同前又以该担保财产为其他债权人设立担保物权，其他债权人主张其担保物权顺位优先于新贷债权人的，人民法院不予支持。

第十七条 主合同有效而第三人提供的担保合同无效，人民法院应当区分不同情形确定担保人的赔偿责任：

（一）债权人与担保人均有过错的，担保人承担的赔偿责任不应超过债务人不能清偿部分的二分之一；

（二）担保人有过错而债权人无过错的，担保人对债务人不能清偿的部分承担赔偿责任；

（三）债权人有过错而担保人无过错的，担保人不承担赔偿责任。

主合同无效导致第三人提供的担保合同无效，担保人无过错的，不承担赔偿责任；担保人有过错的，其承担的赔偿责任不应超过债务人不能清偿部分的三分之一。

第十八条 承担了担保责任或者赔偿责任的担保人，在其承担责任的范围内向债务人追偿的，人民法院应予支持。

同一债权既有债务人自己提供的物的担保，又有第三人提供的担保，承担了担保责任或者赔偿责任的第三人，主张行使债权人对债务人享有的担保物权的，人民法院应予支持。

第十九条 担保合同无效，承担了赔偿责任的担保人按照反担保合同的约定，在其承担赔偿责任的范围内请求反担保人承担担保责任的，人民法院应予支持。

反担保合同无效的，依照本解释第十七条的有关规定处理。当事人仅以担保合同无效为由主张反担保合同无效的，人民法院不予支持。

第二十条 人民法院在审理第三人提供的物的担保纠纷案件时，可以适用民法典第六百九十五条第一款、第六百九十六条第一款、第六百九十七条第二款、第六百九十九条、第七百条、第七百零一条、第七百零二条等关于保证合同的规定。

第二十一条 主合同或者担保合同约定了仲裁条款的，人民法院对约定仲裁条款的合同当事人之间的纠纷无管辖权。

债权人一并起诉债务人和担保人的，应当根据主合同确定管辖法院。

债权人依法可以单独起诉担保人且仅起诉担保人的，应当根据担保合同确定管辖法院。

第二十二条 人民法院受理债务人破产案件后，债权人请求担保人承担担保责任，担保人主张担保债务自人民法院受理破产申请之日起停止计息的，人民法院对担保人的主张应予支持。

第二十三条 人民法院受理债务人破产案件，债权人在破产程序中申报债权后又向人民法院提起诉讼，请求担保人承担担保责任的，人民法院依法予以支持。

担保人清偿债权人的全部债权后，可以代替债权人在破产程序中受偿；在债权人的债权未获全部清偿前，担保人不得代替债权人在破产程序中受偿，但是有权就债权人通过破产分配和实现担保债权等方式获得清偿总额中超出债权的部分，在其承担担保责任的范围内请求债权人返还。

债权人在债务人破产程序中未获全部清偿，请求担保人继续承担担保责任的，人民法院应予支持；担保人承担担保责任后，向和解协议或者重整计划执行完毕后的债务人追偿的，人民法院不予支持。

第二十四条 债权人知道或者应当知道债务人破产，既未申报债权也未通知担保人，致使担保人不能预先行使追偿权的，担保人就该债权在破产程序中可能受偿的范围内免除担保责任，但是担保人因自身过错未行使追偿权的除外。

二、关于保证合同

第二十五条 当事人在保证合同中约定了保证人在债务人不能履行债务或者无力偿还债务时才承担保证责任等类似内容，具有债务人应当先承担责任的意思表示的，人民法院应当将其认定为一般保证。

当事人在保证合同中约定了保证人在债务人不履行债务或者未偿还债务时即承担保证责任、无条件承担保证责任等类似内容，不具有债务人应当先承担责任的意思表示的，人民法院应当将其认定为连带责任保证。

第二十六条 一般保证中，债权人以债务人为被告提起诉讼的，人民法院应予受理。债权人未就主合同纠纷提起诉讼或者申请仲裁，仅起诉一般保证人的，人民法院应当驳回起诉。

一般保证中，债权人一并起诉债务人和保证人的，人民法院可以受理，但是在作出判决时，除有民法典第六百八十七条第二款但书规定的情形外，应当在判决书主文中明确，保证人仅对债务人财产依法强制执行后仍不能履行的部分承担保证责任。

债权人未对债务人的财产申请保全，或者保全的债务人的财产足以清偿债务，债权人申请对一般保证人的财产进行保全的，人民法院不予准许。

第二十七条 一般保证的债权人取得对债务人赋予强制执行效力的公证债权文书后，在保证期间内向人民法院申请强制执行，保证人以债权人未在保证期间内对债务人提起诉讼或者申请仲裁为由主张不承担保证责任的，人民法院不予支持。

第二十八条 一般保证中，债权人依据生效法律文书对债务人的财产依法申请强制执行，保证债务诉讼时效的起算时间按照下列规则确定：

（一）人民法院作出终结本次执行程序裁定，或者依照民事诉讼法第二百五十七条第三项、第五项的规定作出终结执行裁定的，自裁定送达债权人之日起开始计算；

（二）人民法院自收到申请执行书之日起一年内未作出前项裁定的，自人民法院收到申请执行书满一年之日起开始计算，但是保证人有证据证明债务人仍有财产可供执行的除外。

一般保证的债权人在保证期间届满前对债务人提起诉讼或者申请仲裁，债权人举证证明存在民法典第六百八十七条第二款但书规定情形的，保证债务的诉讼时效自债权人知道或者应当知道该情形之日起开始计算。

第二十九条 同一债务有两个以上保证人，债权人以其已经在保证期间内依法向部分保证人行使权利为由，主张已经在保证期间内向其他保证人行使权利的，人民法院不予支持。

同一债务有两个以上保证人，保证人之间相互有追偿权，债权人未在保证期间内依法向部分保证人行使权利，导致其他保证人在承担保证责任后丧失追偿权，其他保证人主张在其不能追偿的范围内免除保证责任的，人民法院应予支持。

第三十条 最高额保证合同对保证期间的计算方式、起算时间等有约定的，按照其约定。

最高额保证合同对保证期间的计算方式、起算时间等没有约定或者约定不明，被担保债权的履行期限均已届满的，保证期间自债权确定之日起开始计算；被担保债权的履行期限尚未届满的，保证期间自最后到期债权的履行期限届满之日起开始计算。

前款所称债权确定之日，依照民法典第四百二十三条的规定认定。

第三十一条 一般保证的债权人在保证期间内对债务人提起诉讼或者申请仲裁后，又撤回起诉或者仲裁申请，债权人在保证期间届满前未再行提起诉讼或者申请仲裁，保证人主张不再承担保证责任的，人民法院应予支持。

连带责任保证的债权人在保证期间内对保证人提起诉讼或者申请仲裁后，又撤回起诉或者仲裁申请，起诉状副本或者仲裁申请书副本已经送达保证人的，人民法院应当认定债权人已经在保证期间内向保证人行使了权利。

第三十二条 保证合同约定保证人承担保证责任直至主债务本息还清时为止等类似内容的，视为约定不明，保证期间为主债务履行期限届满之日起六个月。

第三十三条 保证合同无效，债权人未在约定或者法定的保证期间内依法行使权利，保证人主张不承担赔偿责任的，人民法院应予支持。

第三十四条 人民法院在审理保证合同纠纷案件时，应当将保证期间是否届满、债权人是否在保证期间内依法行使权利等事实作为案件基本事实予以查明。

债权人在保证期间内未依法行使权利的，保证责任消灭。保证责任消灭后，债权人书面通知保证人要求承担保证责任，保证人在通知书上签字、盖章或者按指印，债权人请求保证人继续承担保证责任的，人民法院不予支持，但是债权人有证据证明成立了新的保证合同的除外。

第三十五条 保证人知道或者应当知道主债权诉讼时效期间届满仍然提供保证或者承担保证责任，又以诉讼时效期间届满为由拒绝承担保证责任或者请求返还财产的，人民法院不予支持；保证人承担保证责任后向债务人追偿的，人民法院不予支持，但是债务人放弃诉讼时效抗辩的除外。

第三十六条 第三人向债权人提供差额补足、流动性支持等类似承诺文件作为增信措施，具有提供担保的意思表示，债权人请求第三人承担保证责任的，人民法院应当依照保证的有关规定处理。

第三人向债权人提供的承诺文件，具有加入债务或者与债务人共同承担债务等意思表示的，人民法院应当认定为民法典第五百五十二条规定的债务加入。

前两款中第三人提供的承诺文件难以确定是保证还是债务加入的，人民法院应当将其认定为保证。

第三人向债权人提供的承诺文件不符合前三款规定的情形，债权人请求第三人承担保证责任或者连带责任的，人民法院不予支持，但是不影响其依据承诺文件请求第三人履行约定的义务或者承担相应的民事责任。

三、关于担保物权

（一）担保合同与担保物权的效力

第三十七条 当事人以所有权、使用权不明或者有争议的财产抵押，经审查构成无权处分的，人民法院应当依照民法典第三百一十一条的规定处理。

当事人以依法被查封或者扣押的财产抵押，抵押权人请求行使抵押权，经审查查封或者扣押措施已经解除的，人民法院应予支持。抵押人以抵押权设立时财产被查封或者扣押为由主张抵押合同无效的，人民法院不予支持。

以依法被监管的财产抵押的，适用前款规定。

第三十八条 主债权未受全部清偿，担保物权人主张就担保财产的全部行使担保物权的，人民法院应予支持，但是留置权人行使留置权的，应当依照民法典第四百五十条的规定处理。

担保财产被分割或者部分转让，担保物权人主张就分割或者转让后的担保财产行使担保物权的，人民法院应予支持，但是法律或者司法解释另有规定的除外。

第三十九条 主债权被分割或者部分转让，各债权人主张就其享有的债权份额行使担保物权的，人民法院应予支持，但是法律另有规定或者当事人另有约定的除外。

主债务被分割或者部分转移，债务人自己提供物的担保，债权人请求以该担保财产担保全部债务履行的，人民法院应予支持；第三人提供物的担保，主张对未经其书面同意转移的债务不再承担担保责任的，人民法院应予支持。

第四十条 从物产生于抵押权依法设立前，抵押权人主张抵押权的效力及于从物的，人民法院应予支持，但是当事人另有约定的除外。

从物产生于抵押权依法设立后，抵押权人主张抵押权的效力及于从物的，人民法院不予支持，但是在抵押权实现时可以一并处分。

第四十一条 抵押权依法设立后，抵押财产被添附，添附物归第三人所有，抵押权人主张抵押权效力及于补偿金的，人民法院应予支持。

抵押权依法设立后，抵押财产被添附，抵押人对添附物享有所有权，抵押权人主张抵押权的效力及于添附物的，人民法院应予支持，但是添附导致抵押财产价值增加的，抵押权的效力不及于增加的价值部分。

抵押权依法设立后，抵押人与第三人因添附成为添附物的共有人，抵押权人主张抵押权的效力及于抵押人对共有物享有的份额的，人民法院应予支持。

本条所称添附，包括附合、混合与加工。

第四十二条 抵押权依法设立后，抵押财产毁损、灭失或者被征收等，抵押权人请求按照原抵押权的顺位就保险金、赔偿金或者补偿金等优先受偿的，人民法院应予支持。

给付义务人已经向抵押人给付了保险金、赔偿金或者补偿金，抵押权人请求给付义务人向其给付保险金、赔偿金或者补偿金的，人民法院不予支持，但是给付义务人接到抵押权人要求向其给付的通知后仍然向抵押人给付的除外。

抵押权人请求给付义务人向其给付保险金、赔偿金或者补偿金的，人民法院可以通知抵押人作为第三人参加诉讼。

第四十三条 当事人约定禁止或者限制转让抵押财产但是未将约定登记，抵押人违反约定转让抵押财产，抵押权人请求确认转让合同无效的，人民法院不予支持；抵押财产已经交付或者登记，抵押权人请求确认转让不发生物权效力的，人民法院不予支持，但是抵押权人有证据证明受让人知道的除外；抵押权人请求抵押人承担违约责任的，人民法院依法予以支持。

当事人约定禁止或者限制转让抵押财产且已经将约定登记，抵押人违反约定转让抵押财产，抵押权人请求确认转让合同无效的，人民法院不予支持；抵押财产已经交付或者登记，抵押权人主张转让不发生物权效力的，人民法院应予支持，但是因受让人代替债务人清偿债务导致抵押权消灭的除外。

第四十四条 主债权诉讼时效期间届满后，抵押权人主张行使抵押权的，人民法院不予支持；抵押人以主债权诉讼时效期间届满为由，主张不承担担保责任的，人民法院应予支持。主债权诉讼时效期间届满前，债权人仅对债务人提起诉讼，经人民法院判决或者调解后未在民事诉讼法规定的申请执行时效期间内对债务人申请强制执行，其向抵押人主张行使抵押权的，人民法院不予支持。

主债权诉讼时效期间届满后，财产被留置的债务人或者对留置财产享有所有权的第三人请求债权人返还留置财产的，人民法院不予支持；债务人或者第三人请求拍卖、变卖留置财产并以所得价款清偿债务的，人民法院应予支持。

主债权诉讼时效期间届满的法律后果，以登记作为公示方式的权利质权，参照适用第一款的规定；动产质权、以交付权利凭证作为公示方式的权利质权，参照适用第二款的规定。

第四十五条 当事人约定当债务人不履行到期债务或者发生当事人约定的实现担保物权的情形，担保物权人有权将担保财产自行拍卖、变卖并就所得的价款优先受偿的，该约定有效。因担保人的原因导致担保物权人无法自行对担保财产进行拍卖、变卖，担保物权人请求担保人承担因此增加的费用的，人民法院应予支持。

当事人依照民事诉讼法有关“实现担保物权案件”的规定，申请拍卖、变卖担保财产，被申请人以担保合同约定仲裁条款为由主张驳回申请的，人民法院经审查后，应当按照以下情形分别处理：

（一）当事人对担保物权无实质性争议且实现担保物权条件已经成就的，应当裁定准许拍卖、变卖担保财产；

（二）当事人对实现担保物权有部分实质性争议的，可以就无争议的部分裁定准许拍卖、变卖担保财产，并告知可以就有争议的部分申请仲裁；

（三）当事人对实现担保物权有实质性争议的，裁定驳回申请，并告知可以向仲裁机构申请仲裁。

债权人以诉讼方式行使担保物权的，应当以债务人和担保人作为共同被告。

（二）不动产抵押

第四十六条 不动产抵押合同生效后未办理抵押登记手续，债权人请求抵押人办理抵押登记手续的，人民法院应予支持。

抵押财产因不可归责于抵押人自身的原因灭失或者被征收等导致不能办理抵押登记，债权人请求抵押人在约定的担保范围内承担责任的，人民法院不予支持；但是抵押人已经获得保险金、赔偿金或者补偿金等，债权人请求抵押人在其所获金额范围内承担赔偿责任的，人民法院依法予以支持。

因抵押人转让抵押财产或者其他可归责于抵押人自身的原因导致不能办理抵押登记，债权人请求抵押人在约定的担保范围内承担责任的，人民法院依法予以支持，但是不得超过抵押权能够设立时抵押人应当承担的责任范围。

第四十七条 不动产登记簿就抵押财产、被担保的债权范围等所作的记载与抵押合同约定不一致的，人民法院应当根据登记簿的记载确定抵押财产、被担保的债权范围等事项。

第四十八条 当事人申请办理抵押登记手续时，因登记机构的过错致使其不能办理抵押登记，当事人请求登记机构承担赔偿责任的，人民法院依法予以支持。

第四十九条 以违法的建筑物抵押的，抵押合同无效，但是一审法庭辩论终结前已经办理合法手续的除外。抵押合同无效的法律后果，依照本解释第十七条的有关规定处理。

当事人以建设用地使用权依法设立抵押，抵押人以土地上存在违法的建筑物为由主张抵押合同无效的，人民法院不予支持。

第五十条 抵押人以划拨建设用地上的建筑物抵押，当事人以该建设用地使用权不能抵押或者未办理批准手续为由主张抵押合同无效或者不生效的，人民法院不予支持。抵押权依法实现时，拍卖、变卖建筑物所得的价款，应当优先用于补缴建设用地使用权出让金。

当事人以划拨方式取得的建设用地使用权抵押，抵押人以未办理批准手续为由主张抵押合同无效或者不生效的，人民法院不予支持。已经依法办理抵押登记，抵押权人主张行使抵押权的，人民法院应予支持。抵押权依法实现时所得的价款，参照前款有关规定处理。

第五十一条 当事人仅以建设用地使用权抵押，债权人主张抵押权的效力及于土地上已有的建筑物以及正在建造的建筑物已完成部分的，人民法院应予支持。债权人主张抵押权的效力及于正在建造的建筑物的续建部分以及新增建筑物的，人民法院不予支持。

当事人以正在建造的建筑物抵押，抵押权的效力范围限于已办理抵押登记的部分。当事人按照担保合同的约定，主张抵押权的效力及于续建部分、新增建筑物以及规划中尚未建造的建筑物的，人民法院不予支持。

抵押人将建设用地使用权、土地上的建筑物或者正在建造的建筑物分别抵押给不同债权人的，人民法院应当根据抵押登记的时间先后确定清偿顺序。

第五十二条 当事人办理抵押预告登记后，预告登记权利人请求就抵押财产优先受偿，经审查存在尚未办理建筑物所有权首次登记、预告登记的财产与办理建筑物所有权首次登记时的财产不一致、抵押预告登记已经失效等情形，导致不具备办理抵押登记条件的，人民法院不予支持；经审查已经办理建筑物所有权首次登记，且不存在预告登记失效等情形的，人民法院应予支持，并应当认定抵押权自预告登记之日起设立。

当事人办理了抵押预告登记，抵押人破产，经审查抵押财产属于破产财产，预告登记权利人主张就抵押财产优先受偿的，人民法院应当在受理破产申请时抵押财产的价值范围内予以支持，但是在人民法院受理破产申请前一年内，债务人对没有财产担保的债务设立抵押预告登记的除外。

（三）动产与权利担保

第五十三条 当事人在动产和权利担保合同中对担保财产进行概括描述，该描述能够合理识别担保财产的，人民法院应当认定担保成立。

第五十四条 动产抵押合同订立后未办理抵押登记，动产抵押权的效力按照下列情形分别处理：

（一）抵押人转让抵押财产，受让人占有抵押财产后，抵押权人向受让人请求行使抵押权的，人民法院不予支持，但是抵押权人能够举证证明受让人知道或者应当知道已经订立抵押合同的除外；

（二）抵押人将抵押财产出租给他人并移转占有，抵押权人行使抵押权的，租赁关系不受影响，但是抵押权人能够举证证明承租人知道或者应当知道已经订立抵押合同的除外；

（三）抵押人的其他债权人向人民法院申请保全或者执行抵押财产，人民法院已经作出财产保全裁定或者采取执行措施，抵押权人主张对抵押财产优先受偿的，人民法院不予支持；

（四）抵押人破产，抵押权人主张对抵押财产优先受偿的，人民法院不予支持。

第五十五条 债权人、出质人与监管人订立三方协议，出质人以通过一定数量、品种等概括描述能够确定范围的货物为债务的履行提供担保，当事人有证据证明监管人系受债权人的委托监管并实际控制该货物的，人民法院应当认定质权于监管人实际控制货物之日起设立。监管人违反约定向出质人或者其他人放货、因保管不善导致货物毁损灭失，债权人请求监管人承担违约责任的，人民法院依法予以支持。

在前款规定情形下，当事人有证据证明监管人系受出质人委托监管该货物，或者虽然受债权人委托但是未实际履行监管职责，导致货物仍由出质人实际控制的，人民法院应当认定质权未设立。债权人可以基于质押合同的约定请求出质人承担违约责任，但是不得超过质权有效设立时出质人应当承担的责任范围。监管人未履行监管职责，债权人请求监管人承担责任的，人民法院依法予以支持。

第五十六条 买受人在出卖人正常经营活动中通过支付合理对价取得已被设立担保物权的动产，担保物权人请求就该动产优先受偿的，人民法院不予支持，但是有下列情形之一的除外：

（一）购买商品的数量明显超过一般买受人；

（二）购买出卖人的生产设备；

（三）订立买卖合同的目的在于担保出卖人或者第三人履行债务；

（四）买受人与出卖人存在直接或者间接的控制关系；

（五）买受人应当查询抵押登记而未查询的其他情形。

前款所称出卖人正常经营活动，是指出卖人的经营活动属于其营业执照明确记载的经营范围，且出卖人持续销售同类商品。前款所称担保物权人，是指已经办理登记的抵押权人、所有权保留买卖的出卖人、融资租赁合同的出租人。

第五十七条 担保人在设立动产浮动抵押并办理抵押登记后又购入或者以融资租赁方式承租新的动产，下列权利人为担保价款债权或者租金的实现而订立担保合同，并在该动产交付后十日内办理登记，主张其权利优先于在先设立的浮动抵押权的，人民法院应予支持：

（一）在该动产上设立抵押权或者保留所有权的出卖人；

（二）为价款支付提供融资而在该动产上设立抵押权的债权人；

（三）以融资租赁方式出租该动产的出租人。

买受人取得动产但未付清价款或者承租人以融资租赁方式占有租赁物但是未付清全部租金，又以标的物为他人设立担保物权，前款所列权利人为担保价款债权或者租金的实现而订立担保合同，并在该动产交付后十日内办理登记，主张其权利优先于买受人为他人设立的担保物权的，人民法院应予支持。

同一动产上存在多个价款优先权的，人民法院应当按照登记的时间先后确定清偿顺序。

第五十八条 以汇票出质，当事人以背书记载“质押”字样并在汇票上签章，汇票已经交付质权人的，人民法院应当认定质权自汇票交付质权人时设立。

第五十九条 存货人或者仓单持有人在仓单上以背书记载“质押”字样，并经保管人签章，仓单已经交付质权人的，人民法院应当认定质权自仓单交付质权人时设立。没有权利凭证的仓单，依法可以办理出质登记的，仓单质权自办理出质登记时设立。

出质人既以仓单出质，又以仓储物设立担保，按照公示的先后确定清偿顺序；难以确定先后的，按照债权比例清偿。

保管人为同一货物签发多份仓单，出质人在多份仓单上设立多个质权，按照公示的先后确定清偿顺序；难以确定先后的，按照债权比例受偿。

存在第二款、第三款规定的情形，债权人举证证明其损失系由出质人与保管人的共同行为所致，请求出质人与保管人承担连带赔偿责任的，人民法院应予支持。

第六十条 在跟单信用证交易中，开证行与开证申请人之间约定以提单作为担保的，人民法院应当依照民法典关于质权的有关规定处理。

在跟单信用证交易中，开证行依据其与开证申请人之间的约定或者跟单信用证的惯例持有提单，开证申请人未按照约定付款赎单，开证行主张对提单项下货物优先受偿的，人民法院应予支持；开证行主张对提单项下货物享有所有权的，人民法院不予支持。

在跟单信用证交易中，开证行依据其与开证申请人之间的约定或者跟单信用证的惯例，通过转让提单或者提单项下货物取得价款，开证申请人请求返还超出债权部分的，人民法院应予支持。

前三款规定不影响合法持有提单的开证行以提单持有人身份主张运输合同项下的权利。

第六十一条 以现有的应收账款出质，应收账款债务人向质权人确认应收账款的真实性后，又以应收账款不存在或者已经消灭为由主张不承担责任的，人民法院不予支持。

以现有的应收账款出质，应收账款债务人未确认应收账款的真实性，质权人以应收账款债务人为被告，请求就应收账款优先受偿，能够举证证明办理出质登记时应收账款真实存在的，人民法院应予支持；质权人不能举证证明办理出质登记时应收账款真实存在，仅以已经办理出质登记为由，请求就应收账款优先受偿的，人民法院不予支持。

以现有的应收账款出质，应收账款债务人已经向应收账款债权人履行了债务，质权人请求应收账款债务人履行债务的，人民法院不予支持，但是应收账款债务人接到质权人要求向其履行的通知后，仍然向应收账款债权人履行的除外。

以基础设施和公用事业项目收益权、提供服务或者劳务产生的债权以及其他将有的应收账款出质，当事人为应收账款设立特定账户，发生法定或者约定的质权实现事由时，质权人请求就该特定账户内的款项优先受偿的，人民法院应予支持；特定账户内的款项不足以清偿债务或者未设立特定账户，质权人请求折价或者拍卖、变卖项目收益权等将有的应收账款，并以所得的价款优先受偿的，人民法院依法予以支持。

第六十二条 债务人不履行到期债务，债权人因同一法律关系留置合法占有的第三人的动产，并主张就该留置财产优先受偿的，人民法院应予支持。第三人以该留置财产并非债务人的财产为由请求返还的，人民法院不予支持。

企业之间留置的动产与债权并非同一法律关系，债务人以该债权不属于企业持续经营中发生的债权为由请求债权人返还留置财产的，人民法院应予支持。

企业之间留置的动产与债权并非同一法律关系，债权人留置第三人的财产，第三人请求债权人返还留置财产的，人民法院应予支持。

四、关于非典型担保

第六十三条 债权人与担保人订立担保合同，约定以法律、行政法规尚未规定可以担保的财产权利设立担保，当事人主张合同无效的，人民法院不予支持。当事人未在法定的登记机构依法进行登记，主张该担保具有物权效力的，人民法院不予支持。

第六十四条 在所有权保留买卖中，出卖人依法有权取回标的物，但是与买受人协商不成，当事人请求参照民事诉讼法“实现担保物权案件”的有关规定，拍卖、变卖标的物的，人民法院应予准许。

出卖人请求取回标的物，符合民法典第六百四十二条规定的，人民法院应予支持；买受人以抗辩或者反诉的方式主张拍卖、变卖标的物，并在扣除买受人未支付的价款以及必要费用后返还剩余款项的，人民法院应当一并处理。

第六十五条 在融资租赁合同中，承租人未按照约定支付租金，经催告后在合理期限内仍不支付，出租人请求承租人支付全部剩余租金，并以拍卖、变卖租赁物所得的价款受偿的，人民法院应予支持；当事人请求参照民事诉讼法“实现担保物权案件”的有关规定，以拍卖、变卖租赁物所得价款支付租金的，人民法院应予准许。

出租人请求解除融资租赁合同并收回租赁物，承租人以抗辩或者反诉的方式主张返还租赁物价值超过欠付租金以及其他费用的，人民法院应当一并处理。当事人对租赁物的价值有争议的，应当按照下列规则确定租赁物的价值：

（一）融资租赁合同有约定的，按照其约定；

（二）融资租赁合同未约定或者约定不明的，根据约定的租赁物折旧以及合同到期后租赁物的残值来确定；

（三）根据前两项规定的方法仍然难以确定，或者当事人认为根据前两项规定的方法确定的价值严重偏离租赁物实际价值的，根据当事人的申请委托有资质的机构评估。

第六十六条 同一应收账款同时存在保理、应收账款质押和债权转让，当事人主张参照民法典第七百六十八条的规定确定优先顺序的，人民法院应予支持。

在有追索权的保理中，保理人以应收账款债权人或者应收账款债务人为被告提起诉讼，人民法院应予受理；保理人一并起诉应收账款债权人和应收账款债务人的，人民法院可以受理。

应收账款债权人向保理人返还保理融资款本息或者回购应收账款债权后，请求应收账款债务人向其履行应收账款债务的，人民法院应予支持。

第六十七条 在所有权保留买卖、融资租赁等合同中，出卖人、出租人的所有权未经登记不得对抗的“善意第三人”的范围及其效力，参照本解释第五十四条的规定处理。

第六十八条 债务人或者第三人与债权人约定将财产形式上转移至债权人名下，债务人不履行到期债务，债权人有权对财产折价或者以拍卖、变卖该财产所得价款偿还债务的，人民法院应当认定该约定有效。当事人已经完成财产权利变动的公示，债务人不履行到期债务，债权人请求参照民法典关于担保物权的有关规定就该财产优先受偿的，人民法院应予支持。

债务人或者第三人与债权人约定将财产形式上转移至债权人名下，债务人不履行到期债务，财产归债权人所有的，人民法院应当认定该约定无效，但是不影响当事人有关提供担保的意思表示的效力。当事人已经完成财产权利变动的公示，债务人不履行到期债务，债权人请求对该财产享有所有权的，人民法院不予支持；债权人请求参照民法典关于担保物权的规定对财产折价或者以拍卖、变卖该财产所得的价款优先受偿的，人民法院应予支持；债务人履行债务后请求返还财产，或者请求对财产折价或者以拍卖、变卖所得的价款清偿债务的，人民法院应予支持。

债务人与债权人约定将财产转移至债权人名下，在一定期间后再由债务人或者其指定的第三人以交易本金加上溢价款回购，债务人到期不履行回购义务，财产归债权人所有的，人民法院应当参照第二款规定处理。回购对象自始不存在的，人民法院应当依照民法典第一百四十六条第二款的规定，按照其实际构成的法律关系处理。

第六十九条 股东以将其股权转移至债权人名下的方式为债务履行提供担保，公司或者公司的债权人以股东未履行或者未全面履行出资义务、抽逃出资等为由，请求作为名义股东的债权人与股东承担连带责任的，人民法院不予支持。

第七十条 债务人或者第三人为担保债务的履行，设立专门的保证金账户并由债权人实际控制，或者将其资金存入债权人设立的保证金账户，债权人主张就账户内的款项优先受偿的，人民法院应予支持。当事人以保证金账户内的款项浮动为由，主张实际控制该账户的债权人对账户内的款项不享有优先受偿权的，人民法院不予支持。

在银行账户下设立的保证金分户，参照前款规定处理。

当事人约定的保证金并非为担保债务的履行设立，或者不符合前两款规定的情形，债权人主张就保证金优先受偿的，人民法院不予支持，但是不影响当事人依照法律的规定或者按照当事人的约定主张权利。

五、附　　则

第七十一条 本解释自2021年1月1日起施行。

ISBN 978-7-5216-2508-0

图书在版编目（CIP）数据

中国法院2022年度案例．借款担保纠纷／国家法官学院，最高人民法院司法案例研究院编．—北京：中国法制出版社，2022.2

ISBN 978-7-5216-2508-0

Ⅰ．①中… Ⅱ．①国…②最… Ⅲ．①借贷-经济纠纷-案例-汇编-中国②担保-经济纠纷-案例-汇编-中国 Ⅳ．①D920.5

中国版本图书馆CIP数据核字（2022）第025263号

策划编辑：李小草　韩璐玮（hanluwei666@163.com）
责任编辑：韩璐玮　　　封面设计：李宁

中国法院2022年度案例．借款担保纠纷

ZHONGGUO FAYUAN 2022 NIANDU ANLI. JIEKUAN DANBAO JIUFEN

编者/国家法官学院，最高人民法院司法案例研究院
经销/新华书店
印刷/三河市紫恒印装有限公司
开本/730毫米×1030毫米　16开　　印张/14　字数/166千
版次/2022年2月第1版　　2022年2月第1次印刷

中国法制出版社出版
书号 ISBN 978-7-5216-2508-0　　定价：50.00元

北京市西城区西便门西里甲16号西便门办公区
邮政编码：100053　　传真：010-63141600
网址：http：//www.zgfzs.com　　**编辑部电话：010-63141802**
市场营销部电话：010-63141612　　**印务部电话：010-63141606**

（如有印装质量问题，请与本社印务部联系。）

中国法院2012~2022年度案例系列

国家法官学院　最高人民法院司法案例研究院　编

简便易用、专业实用——打造“好读有用”的案例

1. 专业的作者：国家法官学院自2012年起推出《中国法院年度案例》丛书，至今已有11年，旨在探索编辑案例的新方法、新模式，以弥补当前各种案例书的不足。自2020年起，丛书由国家法官学院与最高人民法院司法案例研究院共同编辑，每年年初定期出版。

2. 强大的规模：2012、2013年各推出15本，2014年推出18本，2015年推出19本，2016年推出20本，2017年推出21本，自2018年起推出23本，含传统和新近的热点纠纷，这些案例是从全国各地法院收集到的上一年度审结的近万件典型案例中挑选出来的，具有广泛的选编基础和较强的代表性。

3. 独特的内容：不再有繁杂的案情，高度提炼案情和裁判要旨，突出争议焦点问题。不再有冗长的分析，主审法官撰写“法官后语”，展现裁判思路方法。

4. 数据库增值服务：2022年继续推出数据库增值服务，凡购买本书，扫描前勒口二维码，即可在本年度免费使用往年同类案例数据库，并可免费下载民法典全文及新旧对照。

1. 婚姻家庭与继承纠纷
2. 物权纠纷
3. 土地纠纷（含环境资源纠纷）
4. 房屋买卖合同纠纷
5. 合同纠纷
6. 买卖合同纠纷
7. 借款担保纠纷
8. 民间借贷纠纷
9. 侵权赔偿纠纷
10. 道路交通纠纷
11. 雇员受害赔偿纠纷（含帮工损害赔偿纠纷）
12. 人格权纠纷
13. 劳动纠纷（含社会保险纠纷）
14. 公司纠纷
15. 保险纠纷
16. 金融纠纷
17. 知识产权纠纷
18. 行政纠纷
19. 刑事案例一
20. 刑事案例二
21. 刑事案例三
22. 刑事案例四
23. 执行案例

新规则案例适用系列

民法典新规则案例适用	108 元
刑法修正案（十一）新规则案例适用	78 元
知识产权新规则案例适用	即出
民法典担保制度新规则案例适用	即出

民法典时代

中华人民共和国民法典释义与案例评注：总则编	125 元
中华人民共和国民法典释义与案例评注：物权编	156 元
中华人民共和国民法典释义与案例评注：人格权编	65 元
中华人民共和国民法典释义与案例评注：婚姻家庭编	68 元
中华人民共和国民法典释义与案例评注：继承编	65 元
中华人民共和国民法典释义与案例评注：侵权责任编	108 元
中华人民共和国民法典释义与案例评注：合同编	246 元
中华人民共和国民法典总则编释义	158 元
中华人民共和国民法典合同编释义	228 元
中华人民共和国民法典人格权与侵权责任编释义	158 元
中华人民共和国民法典婚姻家庭编与继承释义	98 元
中华人民共和国民法典物权编释义	148 元

新法释义系列

中华人民共和国个人信息保护法释义	78 元
中华人民共和国数据安全法释义	58 元